本书的出版得到河南省高等学校青年骨干教师培养计划资助项目——跨境电商嵌入制造业的机制、绩效与策略研究（编号：2019GGJS193）和河南省高等学校哲学社会科学创新团队支持计划项目——乡村振兴与农村区域经济发展（编号：2021-CXTD-01）的支持

跨境电子商务与制造业融合发展研究

赵志田◎著

·北京·

图书在版编目（CIP）数据

跨境电子商务与制造业融合发展研究 / 赵志田著 . —北京：科学技术文献出版社，2023.11（2025.2 重印）
ISBN 978-7-5235-0930-2

Ⅰ．①跨⋯ Ⅱ．①赵⋯ Ⅲ．①电子商务—关系—制造工业—产业集群—协调发展—研究—中国 Ⅳ．① F724.6 ② F426.4

中国国家版本馆 CIP 数据核字（2023）第 204733 号

跨境电子商务与制造业融合发展研究

策划编辑：周国臻　责任编辑：李晓晨　侯依林　责任校对：张　微　责任出版：张志平

出 版 者	科学技术文献出版社
地　　　址	北京市复兴路15号　邮编　100038
编 务 部	（010）58882938，58882087（传真）
发 行 部	（010）58882868，58882870（传真）
邮 购 部	（010）58882873
官方网址	www.stdp.com.cn
发 行 者	科学技术文献出版社发行　全国各地新华书店经销
印 刷 者	北京虎彩文化传播有限公司
版　　　次	2023 年 11 月第 1 版　2025 年 2 月第 2 次印刷
开　　　本	710×1000　1/16
字　　　数	177千
印　　　张	11
书　　　号	ISBN 978-7-5235-0930-2
定　　　价	38.00元

版权所有　违法必究

购买本社图书，凡字迹不清、缺页、倒页、脱页者，本社发行部负责调换

前　言

近年来，我国政府在制度、管理和服务方面持续创新，发布出台一系列政策措施，为跨境电子商务发展营造良好环境。跨境电子商务作为外贸新模式、新业态显示出了快速增长态势，为我国制造企业品牌培育、出海模式和供应链优化等发挥了巨大作用，跨境电子商务已经成为我国应对经济全球化发展、拉动对外贸易持续增长、提高国际市场竞争力的重要手段。

国家"十四五"规划提出，要推动加工贸易转型升级，建设外贸转型升级基地、海关特殊监管区域、贸易促进平台、国际营销服务网络和海外仓等，加快发展跨境电子商务、市场采购贸易等新模式。《"十四五"商务发展规划》中明确要求开展促进跨境电子商务发展的专项活动，如海外仓高质量发展专项活动、"十百千万"专项活动、规则和标准建设专项活动等，大力推动对外贸易新发展，显著提升跨境电子商务新业态在外贸当中的占比。2021年7月，《国务院办公厅关于加快发展外贸新业态新模式的意见》对外公布，提出要在全国适用跨境电子商务B2B直接出口、跨境电子商务出口海外仓监管模式，完善配套措施，便利跨境电子商务进出口退换货管理，优化跨境电子商务零售进口商品清单。2022年11月，国务院同意在廊坊市等33个城市和地区设立跨境电子商务综合试验区。自2015年杭州获批中国首个跨境电子商务综试区以来，经过6次扩围，中国跨境电子商务综合试验区数量达到165个，覆盖31个省份。我国跨境电子商务依托综试区建设，在制度创新、管理创新和服务创新等方面积累了大量经验，形成了众多可供国内外借鉴的成熟做法，为跨境电子商务的高速、高质量发展做出了突出贡献。

经过近30年的持续发展，中国制造行业已经基本形成比较完善和成熟的制造业体系，很多轻工业产品在国际市场享有盛誉，全品类、高质量、高效、大规模、低成本的制造能力为我国制造业走向世界提供了坚实基础。由于国内市场日渐饱和，越来越多的制造业企业选择出海来填补国内市场不足，一批专注于做海外市场的中国品牌显现出越来越强的国际竞争力。过去通过OEM出口到海外的很多高质量外贸产品，现在经过品牌包装后以跨境电子商务方式销往海外，大大提高了我国制造行业整体发展水平。此外，随着跨境电子商务产业链的日渐完善和蓬勃发展，全球供应链、国际物流配送、海外仓建立、跨境结汇、国际网络营销及跨境电子商务相关平台等基础设施更加完善，更加便利了我国制造业企业开展跨境电商业务。加之我国制造业发展水平获得巨大提升，产业结构调整与产业升级步伐加快，跨境电商与制造业融合发展势在必行。本书正是从这一经济社会发展环境出发，来探讨我国跨境电子商务与制造业的融合发展机制、发展实践和发展策略等问题。

本书共分为理论基础及研究现状、市场的虚拟化演变研究、跨境电子商务与制造业融合发展驱动因素分析、跨境电子商务与制造业融合发展过程分析、跨境电子商务与制造业融合发展实证研究、跨境电子商务与制造业融合发展策略研究等6个章节。这6个章节之间相互联系，共同服务于"跨境电商与制造业融合发展"这一中心主题，层层深入，环环相扣，是一个从理论到实践、再从实践回归理论的过程，形成一个比较完整的体系。首先，基于理论指导实践的思想，通过梳理市场虚拟化演变、跨境电子商务发展、跨境电商与制造业融合发展相关理论和研究文献，明确在已有研究基础上和相关理论指导下如何开展本课题的研究。其次，从4个层面展开相关研究工作：第一层面，从基本动力、演变机理角度分析了当前正在进行的市场虚拟化演变过程，进而总结出了虚拟市场所呈现的特征和效应，以及电子商务行业的发展状况；第二层面，跨境电子商务与制造业融合发展的驱动因素分析，主要从制造业企业生产成本降低、贸易成本降低、产品制造差异化提升、服务能力提升、组织及功能改善等5个方面进行论述；第三层面，跨境电子商务与制造业融合发展机制分析，主要从制造企业如何识取跨境电子商务资源、构筑跨境电子商务能力和建立跨境电子商务系统3个阶段来研究二者融合发展过程；第四层面，实证分析跨境电子商务与制造业融合发展，构建跨境电子商务与制造业融合发展识别模型，并通过探索性因素分析和验证性因素分析对模型进行了实证检验，进而使用制造企业相关数据，利用模糊综合评价方法对跨境电子商务与制造业融合度进行了测算。最后，根据这4个方面的理论和实践研究结果，结合我国制造业和跨境电子商务发展的实际状况，提出了相应的对策和政策建议。

由于本书所探讨的跨境电子商务与制造业融合发展问题是一个经济发展过程中出现的全新问题，所提出的理论和观点还有待进一步的深化和实践验证，诚恳希望相关领域内的专家、学者提出宝贵意见，在此表示感谢。

本书的出版得到河南省高等学校青年骨干教师培养计划资助项目"跨境电商嵌入制造业的机制、绩效与策略研究（编号：2019GGJS193）"和河南省高等学校哲学社会科学创新团队支持计划项目"乡村振兴与农村区域经济发展（编号：2021-CXTD-01）"资助。

赵志田

2023年6月

目　　录

第一章　理论基础及研究现状 1
　　第一节　相关概念界定 1
　　第二节　理论基础 16
　　第三节　研究现状 31
　　第四节　本章小结 38

第二章　市场的虚拟化演变研究 40
　　第一节　市场虚拟化演变的基本动力 40
　　第二节　市场虚拟化演变的机理分析 59
　　第三节　虚拟市场的特征及效应分析 63
　　第四节　电子商务行业竞争与电子商务企业发展战略 68
　　第五节　本章小结 80

第三章　跨境电子商务与制造业融合驱动因素分析 82
　　第一节　跨境电子商务降低制造业企业生产成本 82
　　第二节　跨境电子商务降低制造业贸易成本 87
　　第三节　跨境电子商务提升产品制造差异化 93
　　第四节　跨境电子商务提升企业服务能力 94
　　第五节　跨境电子商务重构制造业企业组织及功能 95
　　第六节　本章小结 100

第四章　跨境电子商务与制造业融合发展过程分析 102
　　第一节　制造业企业实施跨境电子商务战略 102
　　第二节　制造业企业识取跨境电子商务资源 104
　　第三节　制造业企业构筑跨境电子商务能力 107

第四节　制造业企业建立跨境电子商务系统.................110
第五节　本章小结.................116

第五章　跨境电子商务与制造业融合发展实证研究.................118
第一节　跨境电子商务与制造业融合发展模型构建.................118
第二节　融合发展模型变量选取与数据收集.................119
第三节　探索性因子分析和验证性因素分析.................122
第四节　跨境电子商务与制造业融合度测算.................124
第五节　本章小结.................141

第六章　跨境电子商务与制造业融合发展策略研究.................143
第一节　加强跨境电子商务平台的撮合功能.................143
第二节　提升制造业企业跨境电子商务物流效率和效益.................146
第三节　引导制造业企业建设国际品牌.................148
第四节　积极应对全球供应链重构.................150
第五节　培养跨境电子商务复合型人才.................153
第六节　充分发挥跨境电子商务综合试验区功能.................154
第七节　本章小结.................156

参考文献.................158

第一章　理论基础及研究现状

第一节　相关概念界定

一、市场与网络市场

1. 市场

关于市场这一概念的探讨古来有之，市场这一词汇也使用最为频繁，然而，各界都没有对市场给出统一而明确的概念。历史上，人们把"市场"定义为商品和劳务交换的场所；19世纪30年代，经济学家古诺指出，市场是买卖双方频繁交换从而使商品价格趋同的区域。古诺概念中的区域具有相对广泛的含义，不仅仅指商品交易的场所。1871年，杰文斯在《政治经济学理论》中把市场概念扩充到了交易主体的范畴，即所有商品交易的主体的总和也构成市场。1890年，马歇尔在《经济学原理》中对市场概念进行了比较系统的注解，他指出，商品供求关系的描述必须放在同一个概念范畴内进行，这一范畴就是能够使价格趋同的买卖关系。保罗·萨缪尔森认为，市场是一种交易机制，可以表现为集中特征，如股票市场；也可以表现为分散特征，如劳动市场。何绿野、崔建华在《现代市场经济》一书中分别从场所论、交换关系、市场功能等角度对市场概念进行了相对全面的论述。

结合上述研究，本书从两个方面来理解市场概念：第一，市场是实现商品和劳务交换的空间，也是商品交换关系的总和；第二，在当前信息技术发展时代，传统意义上的市场概念在时间和空间上已经显示出了巨大的缺陷性，必须结合信息经济社会市场所表现出的电子化特征，去全面理解市场的内涵和外延。随着互联网在商务活动中广泛应用，市场的虚拟化特征会越来越明显。

2. 网络市场

（1）网络市场的概念

随着网络技术的发展并在商品交易中的广泛应用，市场相关要素也相应发生了一系列变化。交易平台逐步代替了传统的中间商，并且在交易中的地位和作用凸显出来，商品、货币和交易流程正朝着虚拟化方向演变，信息商品（服务）、电子支付和电子货币正在逐步取代传统商品与货币从而实现电子化交易，在此基础上，价值链的各个环节也实现了简约化、虚拟化，从而形成虚拟价值链。美国教授杰弗里·雷鲍特（Jeffrey Rayport）和约翰·斯维奥克拉（John Sviokla）把这样一个由信息所组成的虚拟世界定义为市场空间（Market Space）。在这个空间里，经济主体可以通过信息加工来为客户提供虚拟商品或者信息化服务，在交易规则、竞争规则和价值创造方式上与传统市场都有较大区别。基于以上论述，本书将虚拟市场定义为以现代信息技术为支撑的网络空间，买卖双方通过电子平台实现信息化商品或者服务的交易达成，突破了时间和空间等条件限制。

（2）网络市场的功能

传统市场中，买卖双方接触并开展各种类型的交易，客户支付货币获得商品或服务，若是以物物交换的形式进行，则商品或服务作为交互的基础。由于使用了计算机、信息网络等工具和手段，所以网络市场效率得以显著提高，市场功能明显增强，信息及时，买卖双方能够得到各种在线服务，可以更加快速和顺畅地完成交易。网络市场的功能主要表现为以下几个方面：

① 匹配买卖双方。买卖双方通过搜索工具可以快速找到对方，获取相关商品和商品信息，匹配产品和买方的需求与偏好；为买卖双方提供交易平台和相关工具；实现价格比较和组织竞价、交易。

② 促进交易。可以实现买卖双方的顺利沟通，张贴买家需求信息；为卖家提供技术服务，制作商品电子目录单；交易平台可以集成资金结算和物流服务功能，促进交易顺畅进行。

③ 提供法律、法规等制度支持。信息披露功能可以为企业和用户提供相关的市场信息，如行业竞争信息、政府政策和政府监管信息等；规范的商品代码、合同法、争端解决方案、知识产权保护等可以为电子商务提供法律支持；规章制度、行业规范、行业监管和强制执行可以为网络市场的公平有序运行提供制度支持。

（3）网络市场的类型

① 私有网络市场。私有网络市场是指只有一家企业拥有、运作并维护的市场，如某家企业自己开发建设的销售网站。私有网络市场又可以分为买方网络市场和卖方网络市场。买方网络市场是多个卖家对一个买家的市场，一般属于B2B模式，如一个企业从多家潜在的供应商那里进行采购；卖方网络市场是指一家企业将商品或服务卖给多个潜在买家的市场，一般属于B2B或B2C模式，是一种一对多的市场。

② 公共网络市场。公共网络市场的拥有、运作和维护一般不是由某一家买方企业或卖方企业操作，而是归属于买方、卖方之外的第三方，同时为多个买家和多个卖家提供服务。公共网络市场面向公众开放，同时接受政府相关部门监管和公众监督，如股票交易所就是如此。

3. 对市场的新认识

（1）跨界竞争模糊了市场边界

"打败康师傅、统一方便面的是美团外卖，打败口香糖的是移动互联网，打败移动、联通等移动运营商的是微信，打败实体店的是淘宝，打败出租车的是滴滴。"可以看出，企业竞争显示出了明显的开放性和跨界性，企业不仅要关注行业内的发展变化和趋势，还应该了解更多相关领域的变化，正所谓"商者无域"，网络市场环境下这一变化特征更为明显。

互联网市场条件下公司盛行轻资产模式，"自由和零成本地进入和退出市场"的理论前提条件变得不是那么遥远，信息资源成为市场竞争中的第一重要因素，企业都在尽可能努力搜集、整理和分析用户信息以发现潜在的商业机会。而且，企业已储存的信息资源更容易在各行各业进行普适性的转化应用，数据和流量在跨产品、跨场景间流动变得更加简单，企业只要具备相应的机制、能力和文化素质，就能够根据外部变化迅速调整自身的组织结构和运营模式。

尽管网络市场条件下各行业领军企业在数字技术和信息积累方面形成了巨大的规模效应，或者因为平台双边市场的网络效应让企业具备了一定的自然垄断趋向，但不能够保证企业在行业内永葆领先优势，反而可能面临着比传统市场条件下更大的竞争压力。因为信息和网络技术进步、革新的快节奏特征很容易颠覆一个行业，也很容易创造一个新行业，从而取代已有行业的全部市场，貌似毫不相干的行业主体都有可能在同一市场领域变成竞争对手。

跨界竞争模糊了市场边界，百度、腾讯、阿里巴巴、美团、京东、抖音等大公司和平台企业在抓好自己主营业务的同时，开始跨界涉足多个市场领域，进行跨界竞争。相关信息见表1-1。

表1-1 电子商务公司及其经营业务

公司名称	公司定位	公司业务
百度	拥有强大互联网基础的领先AI公司	移动生态、百度智能云、智能交通、智能驾驶及更多人工智能领域
腾讯	世界领先的互联网科技公司	通信、社交、出行、支付、娱乐生活、电子游戏、数字内容等多方领域，并提供云计算、广告、金融科技等企业服务
阿里巴巴	电子商务的服务商	淘宝网、天猫、聚划算、全球速卖通、阿里巴巴国际交易市场、1688、阿里妈妈、阿里云、蚂蚁金服、菜鸟网络等
京东	自营式电商企业	京东商城、京东金融、JIMI机器人、京东房产、京东农牧、京东科技、超级仓店
美团	本地生活服务类电商	吃、喝、行、游、购、娱一站式的平台
抖音	创新性新媒体营销平台	今日头条（通用信息平台）、抖音（短视频平台）、直播电商

（2）大数据"杀熟"

大数据"杀熟"就是利用大数据等技术手段，针对不同消费特征的顾客，对同一产品或服务在相同条件下设置差异化的价格。这主要表现在互联网企业通过搜集、整理和分析顾客的消费习惯、消费偏好、地理位置、浏览记录等相关信息，形成对客户消费倾向的基本判断，进而在客户界面去针对性调整商品或服务展示，包括商品种类、商品价格等信息，从而尽可能多地获取利润。详见表1-2。

表1-2 几种常见的"杀熟"情况

"杀熟"数据	"杀熟"行为
地理位置数据	"富人区"或附近无商场、商店则会显示加价或高价商品（如果附近没有肯德基，则显示更高的比萨价格）

续表

"杀熟"数据	"杀熟"行为
消费记录数据	高消费频繁或偏好者则显示高价或加价商品
搜索与浏览数据	按照搜索的词汇、频率和时间推断购买者类型，"随便看看"、"心里长草"和"心急如焚"者差别定价
所用手机价位	复旦大学教授孙金云进行"手机打车软件打车"调研，称苹果、安卓不同价
是否新注册用户	会员与非会员在同一送餐地址、同一外卖商户订餐，会员配送费高于非会员配送费

形成大数据"杀熟"的原因主要有两个方面：第一是互联网企业和用户仍然存在较严重的信息不对称现象，互联网企业尤其是平台企业获取信息的渠道广，具备搜集、整理和分析信息的专业技术，信息处理效率高，包括对商品和客户的相关信息；而客户获取信息的渠道相对单一和缓慢，往往只能看到自己页面所显示内容，不容易了解购买同类商品和服务的其他客户信息，再加上各种平台企业开展的送券、返利、满减等营销活动琳琅满目，使得商品和服务价格相互对比困难。第二是互联网行业内竞争环境不够良好，一个新企业、新平台、新APP的进入都需要在前期投入高额资本，即所谓的"砸钱""引流"等，这就有可能促使后期通过差异化定价来赚取高额利润以弥补前期亏损。因此，国家应该制定针对性的法律法规，加强对大数据等新兴科学技术的监督管理，在法律层面给互联网企业在定价方面给予一定规范约束，保护消费者利益；互联网企业应该树立正确的经营理念，合理规范使用大数据技术，主要是为企业带来更高的工作效率和更多的成本节约，尽可能为客户提供有针对性的优质产品和服务，以提高平台竞争力，而不是实施价格歧视来谋取利益；消费者应该提高自我防范意识，注意保护自己隐私信息不泄露，对比同一商品和服务在不同平台的价格，当发现自己权益受到侵害时通过合法途径积极维权。

二、网络与网络外部性

1. 网络的概念

从感性认知出发，人们对网络的概念会有多种理解，比较常见的是从计算机科学的角度将网络等同于互联网，将网络经济等同于互联网经济。其实，网络应该是一个广义的概念,而非仅仅是通信网络甚至互联网。在实体网络中,链路是有形的物理链接,可以是互联网、电话、电传、有线电视系统,还可以是移动的无线通信。实体网络的构建和维持需要资本投入,不论是从技术上还是从资本投入上都容易实现产权界定,因此,实体网络具有显著的"排他性",那些未经所有者允许的接入者和不遵守网络规则者将会被网络所有者断开链接。虚拟网络中不存在物理链接,节点之间通过一种特殊的关联(如具有共同的兴趣爱好或者具有某种其他共同属性)形成网络,可以通过某种媒介或平台进行相互交流,相互交流又加深了媒介用户或平台成员对该媒介软件和平台的了解和依赖,同时也会影响更多新用户的加入。

从经济学的研究视角出发,则是关心作为节点的消费者在网络中的经济行为,以及消费者之间通过不同的链路形成的直接或间接的交互关系对整个网络产生的影响。斯默兰(Schmalensee)和伊克洛米德给出了网络的一般定义:"网络是由互补的节点和链构成的。网络重要且鲜明的特征是不同的节点和链路之间的互补性。网络提供的服务需要两个或更多的网络组成部分。"恩伯豪尔(Umbahaur)从经济学的角度给出了网络概念的定义:"从经济学家的视角,网络是包含经济主体之间的相互作用机制,又具有正外在性的经济特征。网络既是建立在经济主体之间相互作用的一个集,也是经济主体对不同经济目的采用相似行为的一个集。"

2. 网络外部性的概念

外部性又称为溢出效应、外部影响、外差效应或外部效应、外部经济,指一个人或一群人的行动和决策使另一个人或一群人受损或受益的情况。经济外部性是经济主体(包括厂商和个人)的经济活动对他人和社会造成的非市场化的影响,即社会成员(包括组织和个人)从事经济活动时其成本与后果不完全由该行为人承担。外部性分为正外部性(positive externality)和负外部性(negative externality)。正外部性是某个经济行为个体的活动使他人或社会受益,而受益者无须花费成本;负外部性是某个经济行为个体的活动使他人或社会受损,而造成负外部性的人却没有为此承担代价。

从经济学的角度来看,外部性的概念是由马歇尔和庇古在20世纪初提出的,是指一个经济主体(生产者或消费者)在自己的活动中对旁观者的福利产生了一种有利影响或不利影响,这种有利影响带来的利益(或者说收益)或不利影响带来的损失(或者说成本),都不是生产者或消费者本人所获得或承担的,是一种经济力量对另一种经济力量"非市场性"的附带影响。

网络外部性的概念最早是由 Rohlfs 在 1974 年提出的。他指出:网络外部性是需求方规模经济的源泉。网络外部性是指网络中一种行为的价值的增加伴随着采取相同行为的市场主体的数量增多而发生,亦可以通俗地理解为当一种产品对用户的价值随着采用相同产品或可兼容产品的用户增加而增大时,就出现了网络外部性。

Katz 和 Shapiro 在 1985 年对网络外部性进行了较为正式的定义:随着使用同一产品或服务的用户数量变化,每个用户从消费此产品或服务中所获得的效用的变化。网络外部性广泛存在于电信、航空等领域,是传统经济学中的外部性在网络系统中的表现。网络外部性分为直接网络外部性和间接网络外部性两种。

经济学家法雷尔(Farrell)和塞隆纳(Saloner)对网络外部性进行了更加清晰和明确的界定:直接的网络外部效应是指一个消费者所拥有的产品价值随着另一个消费者对一个与之兼容的产品的购买而增加;间接的网络外部性是指当一种产品的互补品,比如零件、售后服务、软件等变得便宜和容易得到时,这个产品的兼容市场范畴得以扩展,原因是该产品的消费者可得到的价值增多了。其中,间接的网络外部性又可以成为"市场中介效应"。Economids 认为,市场中介效应的产生来源于单向网络,假设 A 产品分为 m 种,分别记为 A_1、A_2、$\cdots$、A_m,B 产品分为 n 种,分别记为 B_1、B_2、$\cdots$、B_n,并且,所有的 A 产品和 B 产品都相互兼容,构成了 $m \times n$ 种潜在的符合产品,基于互补产品的特征,一个消费者对于组件 A 或 B 的需求的增加都会导致市场中每种组件数量的增加,同时导致符合产品的增加。

此外,需要特别注意的是关于网络外部性的两种错觉。

第一种错觉,"网络外部性都是正的"。因为,人们更多地站在消费者受益的视角去关注积极的(正的)网络外部性,因为它带来的影响更大一些,而容易忽略消极的(负的)网络外部性,甚至认为它不存在。实际上,负的网络外部效应也可以作为网络效应出现,比如,当使用某一平台的用户增多,在提高该平台价值的同时,也可能造成平台上用户的拥堵,出现效率降低和体验感变差。

第二种错觉,"正的外部性产生积极的效应,负的外部性产生消极的效应"。实际上,无论是正的网络外部性还是负的网络外部性,都可能破坏市场应有的效率，主要表现为实际产出与社会有效产出的偏离和次优技术占领市场，从而降低社会总效用，扭曲投入产出原则，不利于市场经济的运行。

三、数字经济与网络经济

1. 数字经济

数字技术的快速发展和广泛应用衍生出数字经济（Digital Economy），数字经济正在改变经济和商务运行方式。计算机的普及构筑了互联网的应用基础，而互联网的普及又构筑了电子商务的运作基础，由此逐渐形成和出现新的经济形式、新的商业关系、新的市场领域和新效率。而这些新变化都具备一个共同特征，即其资源、产品、平台、交易方式等都体现为数字化形式。

（1）数字经济的提出

1996年，美国学者尼葛洛庞帝在其出版的《数字化生存》一书中提出"数字化生存（Being Digital）"，首先提出了"数字化"概念。数字化、网络化、信息化使人的生存方式发生了巨大的变化，并由此带来一种全新的生存方式。1996年，美国学者泰普斯科特在《数字经济时代》中正式提出"数字经济"概念。1998年、1999年、2000年，美国商务部先后出版《浮现中的数字经济》（I，II）和《数字经济》等研究报告，"数字经济"在政府层面得以正名。

（2）数字经济的概念

美国政府对"数字经济"内涵的界定包括两个方面：电子商务（即通过互联网或其他非独占的、以网络为基础的系统进行业务往来的交易方式）及其赖以实施的信息技术产业（IT产业）。

2017年，中国信息通信研究院（CAICT）将数字经济定义为：以数字化的知识和信息为关键生产要素，以数字技术创新为核心驱动力，以现代信息网络为重要载体，通过数字技术与实体经济深度融合，不断提高传统产业数字化、智能化水平，加速重构经济发展与政府治理模式的新型经济形态。作为经济学概念的数字经济，是人类通过大数据（数字化的知识与信息）的识别—选择—过滤—存储—使用，引导、实现资源的快速优化配置与再生，实现经济高质量发展的经济形态[①]。

---

① 陈世清：对称经济学　术语表（一）[EB/OL]．[2023-06-01].http://www.finance-people.com.cn/news/1584926227.

数字经济是继农业经济、工业经济之后的主要经济形态，是以数据资源为关键要素，以现代信息网络为主要载体，以信息通信技术融合应用、全要素数字化转型为重要推动力，促进公平与效率更加统一的新经济形态。数字经济发展速度快、辐射范围广、影响程度深，正推动生产方式、生活方式和治理方式深刻变革，成为重组全球要素资源、重塑全球经济结构、改变全球竞争格局的关键力量[①]。

2. 网络经济

互联网经济是信息网络化时代产生的一种崭新的经济现象，是数字经济的一部分。

著名经济学家乌家培认为，可以从微观、中观和宏观3个方面来认识网络经济。微观层面上来看，网络经济是一个网络大市场或是一个大型的虚拟市场，承载企业营销、居民消费或投资等市场活动；从中观层面看，网络经济就是与电子商务紧密相连的网络产业，既包括网络贸易、网络银行、网络企业及其他商务性网络活动，又涵盖基础网络设施、网络设备和产品、各种网络服务的建设、生产和提供等经济活动；从宏观层面看，网络经济是一种新的经济形态，是区别于游牧经济、农业经济、工业经济的数字经济。

（1）网络经济是基于互联网经济活动的一个总称

网络经济是基于互联网所产生的经济活动的总和，是以互联网技术为平台，以网络为媒介，以应用技术创新为核心的经济活动的总称。在互联网经济时代，经济主体的生产、交换、分配、消费等经济活动，以及金融机构和政府职能部门等主体的经济行为，都越来越多地依赖信息网络，他们不仅要从网络上获取大量经济信息，依靠网络进行预测和决策，而且许多交易行为也直接在网络上进行。

（2）网络经济是以信息技术为核心的一种经济形态

网络经济是一种建立在计算机网络（特别是internet）基础之上，以现代信息技术为核心的新的经济形态。它不仅是指以计算机为核心的信息技术产业的兴起和快速增长，也包括以现代计算机技术为基础的整个高新技术产业的崛起和迅猛发展，更包括由于高新技术的推广和运用所引起的传统产业、传统经济部门的深刻革命性变化和飞跃性发展。

---

① 国务院关于印发"十四五"数字经济发展规划的通知［EB/OL］.（2021-12-12）［2023-06-01］. https://www.gov.cn/zhengce/zhengceku/2022-01/12/content_5667817.htm.

因此，不能把网络经济理解为一种独立于传统经济之外、与传统经济完全对立的纯粹的"虚拟"经济，经济的虚拟性源于网络的虚拟性。它实际上是一种在传统经济基础上产生的、经过以计算机为核心的现代信息技术提升的高级经济发展形态。

（3）网络经济是经济系统网络化的一个演进过程

网络经济正在迅速发展，新的信息技术不断进步，新的智能化产品不断涌现，人们尽可能地利用网络实现互联和信息交互，以提高技术、产品和人员之间的协同价值。社会经济中出现了大量基于网络的显著协同价值活动，因而市场特征和经济规律与传统经济相比也发生了巨大变化，显然，"数字"形式、"网络化"组织等因素是导致这一变化的最重要因素。

四、跨境电子商务平台

1. 跨境交易平台

跨境电子商务交易平台是指经过海关认可并与海关进行联网以实现跨境贸易电子商务进出口商品达成交易、货款支付、商品配送等功能的综合性平台。通过跨境电子商务交易平台开展对外商品销售，可以摒弃传统贸易过程中比较冗繁的中间环节，贸易双方可以在平台上直接会面商谈，增加了沟通的便利性，交易效率明显提升。国内企业，特别是传统生产制造企业，可以直接把自己产品卖到国外，去除了中间贸易成本，获取的商业利润可以大幅增加。当前，我国已经拥有多家各具特色的跨境贸易电子商务平台，为我国跨境贸易电子化起到了重大推动作用，比较有代表性的平台有阿里全球速卖通、敦煌网、中国制造网、兰亭集势等。其中，阿里全球速卖通自2010年上线以来，已经覆盖了全球220多个国家和地区，涉及家具、纺织、服装等30多个一级行业；中国制造网拥有超过800万注册会员，为中国制造业企业迈过跨境电子商务门槛、将商品销往海外提供了广阔平台。

2. 海外网购平台

海外网购平台是指为国内民众提供适合大众的、具有平价优势的海外商品购物平台，核心功能就是把海外商品引入中国，为中国老百姓方便快速购买海外产品提供服务。跨境电子商务使中国制造的优势得以更充分地发挥，中国商品开始通过跨境贸易电子商务方式走向全世界，开辟出更为广大的国际消费市场。而与此同时，随着中国经济发展和国内民众购买力的不断提升，越来越多的国内消费者开始热衷于购买国外产品，这也是为什么近年来"海淘"和"海代"能够迅速兴起发展的原因，相当一部分海外商品因其价格实惠且质量过硬深受国内消费者的青睐。亚马孙国际站就是一个海外网购平台，可以实现国内民众对海外商品的购买要求，但要求消费者具有可跨境支付的信用卡，因此还需要增加更多购买便利性。商品种类更多、价格更为实惠的海外商品网购平台的形成，为国内消费者带来更多的福利。

3. 通关服务平台

电子商务通关服务平台是指由电子口岸搭建，实现企业、海关及相关管理部门之间数据交换与信息共享的平台。跨境电子商务通关服务平台可以实现电子商务交易平台、支付系统、跨境物流服务体系等与海关总署中央电子口岸联网，实现跨境电子商务企业与电子口岸、政府相关管理部门数据对接，对提高跨境电子商务业务开展的透明化，实现跨境电子商务的统计口径统一，为出口企业快速办理结汇退税、提高国内传统制造业企业国际市场占有率、增强重点电子商务企业外贸竞争能力都起到了重要促进作用。

4. 通关管理平台

电子商务通关管理平台是指由海关搭建，实现对跨境贸易电子商务交易、仓储、物流和电子监管执法的平台。商务部、国家发改委、海关总署等9部委发布的《关于实施支持跨境电子商务零售出口有关政策的意见》提出，海关对电子商务企业出口的货物、商品进行集中监管，并采取清单核放、汇总申报的方式办理通关手续，这将对跨境电子商务企业产生明显的利好。过去的每种商品独立申报形式，明显增加了企业通关工作量和办理相关手续的费用，汇总申报可以大大提高通关效率和降低费用。

5. 平台之间的关系

跨境贸易电子商务是涉及商流、国际物流、资金流（跨境支付购汇、跨境收入结汇）及诚信机制等要素的非常复杂的系统。对于境内电子商务来讲，一笔业务的完成只需要买方下单、支付货款、卖方发货、快递送达和买方收货5个步骤。而跨境电子商务情况就复杂得多，仅跨境物流一项内容就变得相当繁杂，卖方需要将货物经过出口海关报关、集装箱装货、海运或空运、入境海关、海外仓库、境内快递送货等步骤，因此，跨境电子商务的发展需要以各种相应的管理和服务平台作为支撑。各类平台之间的关系如图1-1所示。

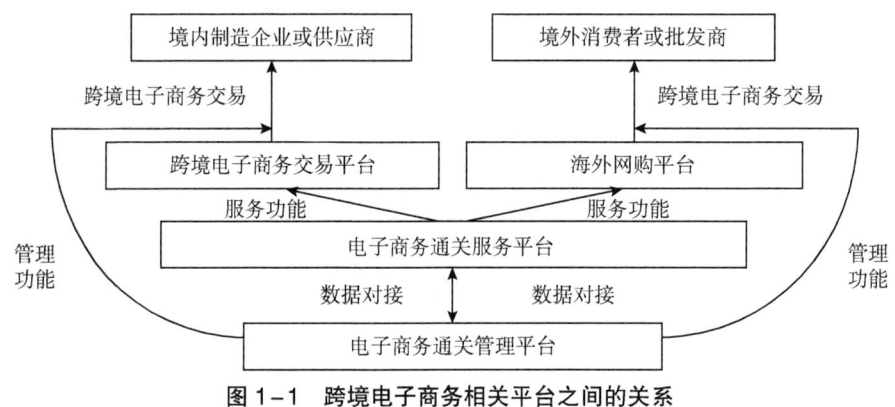

图1-1 跨境电子商务相关平台之间的关系

跨境电子商务交易平台主要为国内中小企业将产品销往国外提供服务，同时提供支付和配送等相配套的功能；海外网购平台则是以为国内民众能方便快捷、低成本地买到海外消费品而提供服务的平台，该平台越来越受到国内消费者的欢迎；而通关服务平台和通关管理平台主要功能则是降低通关费用和提高通关效率，同时也发挥着规范和管理通关事务的作用，承担着服务者兼管理者的角色。

五、自由贸易区、自由贸易试验区与跨境电子商务综合试验区

1. 自由贸易区

自由贸易区（Free Trade Area）是指签订自由贸易协定的成员国或地区相互彻底取消商品贸易中的关税和数量限制，使商品在各成员之间可以自由流动的一片区域。但是，各成员仍保持自己对来自非成员国或地区进口商品的限制政策。有的自由贸易区只对部分商品实行自由贸易，例如，"欧洲自由贸易联盟"内的自由贸易商品只限于工业品，而不包括农产品，这种自由贸易区被称为"工业自由贸易区"；有的自由贸易区对全部商品实行自由贸易，例如，"拉丁美洲自由贸易协会"和"北美自由贸易区"，对区内所有的工农业产品的贸易往来都免除关税和数量限制。

2. 自由贸易试验区

自由贸易试验区（Free Trade Zone，简称FTZ）是指在贸易和投资等方面比世贸组织有关规定更加优惠的贸易安排，在主权国家或地区的关境以外，划出特定的区域，准许境外商品豁免关税自由进出。自由贸易试验区实质上是采取自由港政策的关税隔离区，狭义仅指提供区内加工出口所需原料等货物的进口豁免关税的地区，类似出口加工区；广义还包括自由港和转口贸易区。

3. 跨境电商综合试验区

中国跨境电商综合试验区是中国设立的跨境电商综合性质的先行先试的城市区域，旨在在跨境电商交易、支付、物流、通关、退税、结汇等环节的技术标准、业务流程、监管模式和信息化建设等方面先行先试，通过制度创新、管理创新、服务创新和协同发展，破解跨境电商发展中的深层次矛盾和体制性难题，打造跨境电商完整的产业链和生态链，逐步形成一套适应和引领全球跨境电商发展的管理制度和规则，为推动中国跨境电商健康发展提供可复制、可推广的经验。2022年11月14日，国务院同意在廊坊市等33个城市和地区设立跨境电商综合试验区。此次扩围之后，中国跨境电商综合试验区数量达到165个，覆盖31个省份[①]。商务部、海关总署、国家税务总局等部门出台了一系列支持跨境电商综合试验区发展的政策措施。在进口方面，放宽监管条件，对跨境电商零售进口商品不执行首次进口许可批件、注册或备案要求，按个人自用进物品监管。在出口方面，一是实施通关便利化政策，跨境电商综合试验区内符合条件的跨境电商零售出口，海关通过采用"清单核放，汇总申报"的便利措施实行监管验放，提高企业通关率，降低通关成本；二是实施跨境电商零售出口企业所得税核定征收政策，符合一定条件的出口企业采用应税所得率方式核定企业所得税，应税所得税率统一按照4%确定，此外还有针对小型微利企业优惠政策及其他符合条件的免税政策；三是实施跨境电商零售出口"无票免税"政策，区域内跨境电商零售出口企业未取得有效进货凭证的货物，凡符合规定条件的，出口免征增值税和消费税。我国的跨境电商综合试验区详

---

① 国务院关于同意在廊坊等33个城市和地区设立跨境电子商务综合试验区的批复[EB/OL].（2022-11-24）[2023-06-01]. https://www.gov.cn/zhengce/zhengceku/2022-11/24/content_5728554.htm.

见表 1-3。

表 1-3 我国跨境电商综合试验区一览表

批次	获批时间	数量	城市或地区
第 1 批	2015-03-07	1	杭州市
第 2 批	2016-01-06	12	天津市、上海市、重庆市、合肥市、郑州市、广州市、成都市、大连市、宁波市、青岛市、深圳市、苏州市
第 3 批	2018-07-24	22	北京市、呼和浩特市、沈阳市、长春市、哈尔滨市、南京市、南昌市、武汉市、长沙市、南宁市、海口市、贵阳市、昆明市、西安市、兰州市、厦门市、唐山市、无锡市、威海市、珠海市、东莞市、义乌市
第 4 批	2019-12-15	24	石家庄市、太原市、赤峰市、抚顺市、珲春市、绥芬河市、徐州市、南通市、温州市、绍兴市、芜湖市、福州市、泉州市、赣州市、济南市、烟台市、洛阳市、黄石市、岳阳市、汕头市、佛山市、泸州市、海东市、银川市
第 5 批	2020-04-27	46	雄安新区、大同市、满洲里市、营口市、盘锦市、吉林市、黑河市、常州市、连云港市、淮安市、盐城市、宿迁市、湖州市、嘉兴市、衢州市、台州市、丽水市、安庆市、漳州市、莆田市、龙岩市、九江市、东营市、潍坊市、临沂市、南阳市、宜昌市、湘潭市、郴州市、梅州市、惠州市、中山市、江门市、湛江市、茂名市、肇庆市、崇左市、三亚市、德阳市、绵阳市、遵义市、德宏傣族景颇族自治州、延安市、天水市、西宁市、乌鲁木齐市
第 6 批	2022-01-22	27	鄂尔多斯市、扬州市、镇江市、泰州市、金华市、舟山市、马鞍山市、宣城市、景德镇市、上饶市、淄博市、日照市、襄阳市、韶关市、汕尾市、河源市、阳江市、清远市、潮州市、揭阳市、云浮市、南充市、眉山市、红河哈尼族彝族自治州、宝鸡市、喀什地区、阿拉山口市
第 7 批	2022-11-14	33	廊坊市、沧州市、运城市、包头市、鞍山市、延吉市、同江市、蚌埠市、南平市、宁德市、萍乡市、新余市、宜春市、吉安市、枣庄市、济宁市、泰安市、德州市、聊城市、滨州市、菏泽市、焦作市、许昌市、衡阳市、株洲市、柳州市、贺州市、宜宾市、达州市、铜仁市、大理白族自治州、拉萨市、伊犁哈萨克自治州

4. 自贸区、自贸试验区和跨境电商综试区的比较

从设立主体上看，自由贸易区的设立主体是多个主权国家或地区，而自由贸易试验区和跨境电商综合试验区的设立主体都是单个主权国家或地区；从所覆盖的区域范围来看，自由贸易区包含2个或多个关税地区，而自由贸易试验区和跨境电商综合试验区只覆盖一个国家或地区主权范围内的特定区域，跨境电商综合试验区都是以城市为单位，因而覆盖城市全域；自由贸易区的设立要依据所涉及的多个主权国家或地区的相关协议，即双边或多边协议，而自由贸易试验区和跨境电商综合试验区设立的法律依据是本国国内的相关法律；自由贸易区设立主要目的促进成员国之间商品自由流动，自由贸易试验区的设立主要为了使货物贸易、服务贸易、金融和人才等全方位创新，跨境电商综合试验区旨在在交易、支付、物流、通关、退税、结汇等环节的技术标准、业务流程、监管模式和信息化建设等方面先行先试，探索跨境电商发展的难点问题，探索相关制度流程和规则标准。自由贸易区、自由贸易试验区、跨境电商综合试验区的区别见表1-4。

表1-4 自由贸易区和自由贸易试验区、跨境电商综合试验区的区别

类型	设立主体	区域范围	法律依据	主要目标	开放程度	数量
自由贸易区	多个主权国家或地区	2个或多个关税地区	双边或多边协议	取消成员国间商品贸易中的关税和数量限制	成员国之间商品自由流动	
自由贸易试验区	单个主权国家或地区	主权范围内的特定区域	国内立法	货物贸易、服务贸易、金融和人才等全方位创新	外国商品豁免关税，自由进出关境以外划定区域	21个（截至2022年年底）
跨境电商综合试验区	单个主权国家或地区	城市全域	国内立法	探索跨境电商发展的难点问题、制度流程和规则标准		165个（截至2022年年底）

第二节 理论基础

一、市场的虚拟化演变理论

1. 摩尔定律与丰饶经济学

（1）摩尔定律

1965年，Intel创始人之一戈登·摩尔（Gordon Moore）提出了著名的关于信息技术功能价格比的摩尔定律。摩尔定律是一个经验法则，在于简单评价半导体技术发展。多年来，摩尔定律一直在体现着其正确的预测功能，它不仅仅适用于对计算机芯片发展的描述，而且适用于磁盘驱动器存储空间的发展。摩尔定律可以描述为3种版本：

① 集成电路芯片上所集成的电路的数目，每隔18个月就翻一番；

② 微处理器的性能每隔18个月提高一倍，而价格下降一半；

③ 用一美元所能买到的计算机性能，每隔18个月翻两番。

以上几种说法中，以第一种说法最为普遍，第二、第三两种说法涉及价格因素，其实质是一样的。3种说法虽然各有千秋，但在一点上是共同的，即"翻番"的周期都是18个月。摩尔定律的数学模型可以描述为

$$n_2 = n_1 2^{(y_2-y_1)/m} \quad (1-1)$$

其中，n_1是y_1年份时单芯片中集成的晶体管数目，n_2是通过该等式预测出的y_2年份单芯片所能集成的晶体管的数目，增长因子m是晶体管数目每翻一倍所需要的年数。

① 根据1965年前4年的单芯片集成的晶体管数目，预测集成度的发展趋势：大约每前进1年，芯片的集成度就翻一番，即$m=1$。

② 根据1965年到1975年的实际芯片集成度数据，结果需要将摩尔定律数学模型的增长因子m修正为2，即芯片集成度每2年翻一番。

③ 根据1975年之后的数据，有专家进一步修正了摩尔定律的数学模型当中的m值为1.5，即芯片的集成度翻一倍的时间为18个月。

需要注意的是，摩尔定律并非数学、物理定律，而是对发展趋势的一种分析预测，因此，无论是它的文字表述还是定量计算，都应当容许一定的宽裕度。从这个意义上看，摩尔的预言是准确而难能可贵的，所以才会得到业界人士的公认，并产生巨大的反响。

1995年，英特尔董事会主席罗伯特·诺伊斯提出第二摩尔定律，指出摩尔定律受到经济因素制约，成本将会增加，成为另一条指数曲线。

此外，中国媒体还提出了新摩尔定律，主要描述中国连接网络计算机数量和上网人数的增加速度。

摩尔定律在归纳着信息技术发展与进步速度，40多年来，计算机在全球范围内实现了从实验室到普通家庭用户的普及，影响和改变着每个人的工作生活，互联网技术把全球范围内的国家和地区紧密联系起来，加快世界经济一体化进展趋势，形成了世界大市场。

（2）丰饶经济学

丰饶经济学（The Economics of Abundance）或叫富足经济学，美国人克里斯·安德森把丰饶经济学作为发现长尾的基础。

摩尔定律促进了新技术的普及应用，当芯片越来越广泛使用，就会使越来越多的传统产业实现信息化和网络化。此外，摩尔定律的生产者和消费者之间的界限变得模糊，消费者更加广泛地参与到产品的设计与生产中，尤其是在数字产品领域变现明显，如维基百科、豆瓣等。

人们的基本生存和发展需求被同质化、大批量的产品满足之后，多样化需求从不经济向经济转化，大规模生产、大批量产品已经不再是唯一市场，消费者越来越倾向于多样化的细分市场，大热门正在与大大小小的差异化特征明显的细分市场进行竞争，而这些差异化、个性化特征明显的市场就是长尾市场。安德森认为，形成长尾市场的原因主要有3方面：一是生产工具的普及，个人电脑、智能手机等就是最好的例证，这些生产工具可以将数字产品的生产能力普及到任何人，生产者数量可以激增，生成能力得以放大；二是得以普及的网络传播工具降低了渠道成本，任何人都可以低成本地将产品推向市场，如淘宝开店、注册直播账号等；三是消费者寻找差异化、个性化等非主流产品的搜索成本降低了，价格永恒降低，扁平化商业无处不在，网络使得商品价格透明，消费者很容易实现货比三家。

2. 吉尔德定律与移动通信发展

（1）吉尔德定律

吉尔德定律（Gilder's Law）又称为胜利者浪费定律，由乔治·吉尔德提出，指的是最为成功的商业运作模式是价格最低的资源将会被尽可能地消耗，以此来保存最昂贵的资源。

吉尔德定律被描述为：主干网的带宽每6个月增长一倍，12个月增长两倍，其增长速度是摩尔定律预测的CPU增长速度的3倍，并预言将来上网会免费。这实际上反映了数字经济一大特点，即边际成本能够大幅下降，表现为数字经济的广覆盖性。今天，几乎所有知名的电信公司都在乐此不疲地铺设缆线。当带宽变得足够充裕时，上网的代价也会下降。带宽的增加早已不存在什么技术上的障碍，而只取决于用户的需求，需求日渐强烈，带宽也会相应增加，而上网的费用自然也会下降。随着带宽的增加，将会有更多的设备以有线或无线的方式上网，这些设备本身并没有什么智能，但大量这样的设备通过网络连接在一起时，其威力将会变得很大，就像利用便宜的晶体管可以制造出价格昂贵的高档电脑一样，只要将廉价的网络带宽资源充分利用起来，也会给人们带来巨额的回报。

（2）移动通信技术发展

移动通信技术从产生和发展共经历了模拟语音通信时代（1G）、语音通信数字化时代（2G）、移动多媒体通信时代（3G）、局域高速上网时代（4G）、随时随地万物互联时代（5G）等几个主要阶段。

1G于1986诞生在美国芝加哥，其工作原理是采用模拟信号传输，即将电磁波进行频率调制后，将语音信号转换到载波调制的电磁波上，载有信息的电磁波发射到空间后，由接收设备接收，并从电磁波上还原语音信息。其缺陷主要表现为不同国家和地区通信标准不统一，发展缓慢，容量有限，数据传输速率只有2.4 kbit/s（千比特/秒），只能实现语音信号传输，并且信号不稳定，覆盖范围不全面，语音品质低，安全性差。

2G技术将语音信息变成数字编码，通过数字编码传输语音信息，然后接收端的调制解调器进行解码，把编码还原成语音，从而实现语音通话。2G仍然存在语音品质差的缺点，但比1G增加了数据传输服务，而且数据传输速率达到了9.6~14.4 kbit/s，最早的文字短信、来电显示、呼叫追踪也从此开始了，与此同时，系统的容量也扩大了，保密性也得到了提高。而且，相比1G，2G具有标志性的突破就是手机进入了上网时代。

3G通过开辟新的电磁波频谱、制定新的通信标准，使3G的传输速率有了更大的提高，达到了384 kbit/s，在室内稳定的环境下，传输速率甚至可以达到2 Mbit/s（兆比特/秒）。另外，由于3G采用的频带更宽、系统容量更大、传输的稳定性更高，在传输过程中对大数据的传输更为普遍，能够实现全球范围的无缝漫游，为用户提供包括语音、数据和多媒体等多种形式的通信服务。

4G 在理论上的网络传输速率能够达到 3G 的 50 倍,最大传输速率可以达到 100 Mbit/s,几乎能够满足所有用户对无线服务的需求,可以弥补有线电视调制解调器没有覆盖地区的短板,然后再扩展到整个地区,实现大量数据的快速传输。

5G 时代是一个能够实现随时随地万物互联的时代。5G 不仅具有更高的传输速率、更大的带宽、更强的通话能力,还能融合多个业务、多种技术,打造以用户为核心的信息生态系统,从而为用户带来更智能化的生活。5G 是多种无线接入技术和现有无线接入技术集成后的解决方案的总称,已经能够更好地扩展到物联网领域。

移动通信技术发展的不同阶段见表 1-5。

表 1-5 移动通信技术发展的不同阶段

发展阶段	主要制式	最高数据传输速率	主要应用	备注
模拟语音通信时代(1G)	AMPS/NMT/TACS	2.4 kbit/s	语音	模拟信号传输、音质差、低安全性
语音通信数字化时代(2G)	GSM/TDMA/CDMA	9.6 kbit/s	语音、短信	将语音信息变成数字编码,手机进入上网时代
移动多媒体通信时代(3G)	CDMA2000/WCDMA/TD-SCDMA	2 Mbit/s	通信、娱乐、商务	全球范围的无缝漫游,语音、数据和多媒体多种形式的通信服务
局域高速上网时代(4G)	TD-LTE/FDD-LTE	100 Mbit/s	通信、娱乐、商务	实现高清电影观看,大量数据快速传播
随时随地万物互联时代(5G)	A.TDDB.FDDC.UMTSD.GSM	1 Gbit/s	传感和数据采集	智能化生活,物联网,工业控制、远程医疗和自动驾驶

3. 梅特卡夫法则与市场失效

(1)梅特卡夫法则

梅特卡夫法则由计算机网络先驱、3com 公司创始人罗伯特·梅特卡夫(Robert Metcalfe)提出,该法则与摩尔定律可以相提并论,主要描述计算机网络发展规律,提出了网络价值的计算方法——网络价值可以用网络当中

结点数的平方来计算,与网络当中用户数量的平方成正比。网络价值计算公式为

$$V = K \times N^2。\tag{1-2}$$

其中,V 表示网络价值,K 表示价值系数,N 表示网络当中用户数量。

梅特卡夫法则揭示了网络的规模性效应(Network Externality),网络用户增加对原来用户的效应不仅不减少,反而会大大增加。网络价值以网络节点数平方的速度增长,网络对每个节点的价值与网络中其他节点的数量成正比。假设网络中有 n 个用户节点,则网络对所有用户节点的总价值与 $n(n-1)$ 成正比。如果一个网络对网络中每个用户节点的价值为 1 美元,那么规模为 10 倍的网络总价值约为 100 美元,规模为 100 倍的网络总价值约为 10 000 美元。网络自身的系统性和网络内部组成成分之间的互补性是形成网络规模效应的根本原因:第一是新增网络节点与原网络形成一体,网络自然向外延伸,进而网络规模自然扩大,整个网络都因为网络规模扩大而受益;第二是网络系统当中的任何两个节点之间都具有互补性,也就是说,网络中没有"中心"区域存在,任何一部分节点消失都不会影响其他节点之间的正常联系,这就足以解释网络规模效应的普遍意义。比如,一个由 n 个节点组成的网络,将任何两个节点之间的任何一次交流都看成一个单位商品,此时网络共存在 $n(n-1)$ 个潜在商品,此时第 $(n+1)$ 个节点网络出现,则网络就会新增一条交互性质的道路,从而使网络新增 $2n$ 个单位的新的潜在商品,网络中的所有原用户都受益于新增的网络规模效应。网络规模越大,规模效应就会越显著,并且在网络规模超过一定阈值,外部性就会急速增大。

摩尔定律快速提升了产业信息化水平,而梅特卡夫法则又将这些企业以网络外部性的乘数效应将其联系起来,最终形成商机无限的世界虚拟市场。梅特卡夫法则主要是来描述网络资源的定律,网络资源的价值会随着网络上计算机数量的增加呈几何级数增长。这也表现出了信息资源不会随着消费的增加而被损耗的特征,反而会随着消费数量的增加形成更多新的信息产品,创造更大价值。虚拟市场环境条件下,经济活动则是以网络或平台形式进行运作,网络或平台价值同样遵循梅特卡夫法则。网络或平台当中用户或消费者数量增加,原网络平台自然向外延展,扩大规模,加之消费者之间链路的交互性特征,所有用户和消费者都会因新用户的加入而受益于网络整体价值的增加。

（2）市场失效

梅特卡夫法则中网络外部性（网络规模效应）也可能破坏市场效率，降低社会总效用，从而导致市场失灵。主要表现为两个方面：一是实际产出与社会有效产出相偏离；二是次优技术占领市场。对于生产者来讲，当一种信息产品被更多的用户使用时，则会提高该信息产品的协同价值，用户愿意为该产品支付的保留价格就会越高，如果该产品的生产者不能够按照保留价格进行销售获取收益的话，就会降低该产品供给量。因此，完全竞争是无效率的，就会导致实际产出小于社会有效产出。对于消费者来讲，如果某种产品具有网络外部性并且因此占据了市场的统治地位，尽管该产品的质量并不是最好的，此时消费者也迫不得已选择该产品，理由是选择其他产品将会产生更多的不便，比如兼容、产品相关服务、社交关系丢失等问题，最终消费者丧失了自由选择产品的权力。从市场竞争目标出发，厂商则可能充分利用产品的网络外部性这一特征，尽可能地提升产品的用户数量而非专注于提升产品的质量，以至于把质量好、价格合理的产品挤出市场，这就是网络外部性导致的次优技术占领市场现象。

4. 马太效应与锁定

（1）马太效应

马太效应（Matthew Effect）是描述好与坏、强与弱、多与少等强烈反差现象的一种规律，在金融、教育和社会学中被广泛应用。在一定条件下，优势或弱势一旦出现，就会不断加剧和自我强化，出现滚动的累积效果，在极端情况下出现"一家为大，赢者通吃，输者出局"的局面。虚拟市场条件下，马太效应同样具有较强的指导意义，网络市场环境中一旦形成某种优势或劣势，就会被不断加剧和自身加强，出现强者更强、弱者更弱的局面。一种新产品或新技术在较早时期进入市场时，尽管是不完全成熟或存在一些缺陷，却能在市场占据主导地位，甚至垄断整个市场。在边际收益递增的条件下，经济系统中会产生一种局部反馈的自增强机制，进而使经济系统具有4个特征：

① 多态均衡。经济系统中可能存在多个均衡，系统选择哪个均衡具有不确定性、不唯一性和不可预测性。

② 路径依赖。经济系统对均衡状态的选择依赖于历史影响，而这一历史影响可能是微小事件或是随机事件影响的结果。

③锁定。经济系统一旦达到某一均衡状态就很难退出或被打破。

④可能无效率。由于路径依赖和锁定所形成的均衡可能不是最有效率的均衡，不一定是最优均衡。

形成马太效应的原因通常是技术产品受到强烈的网络外部性影响。当产品刚引入市场时，会经历一个较长时间的引入期。随着用户数量的不断增加，用户越来越多地获取了该产品的协同价值，从而对该产品产生越来越强的依赖性，网络市场中的梅特卡夫法则使用户更愿意加入更大的网络市场，因为市场越大商机也就越多，大网络所体现出来价值更高。此外，网络市场的虚拟性特征促使用户对品牌依赖度相比传统市场有所提高，发生转移会面临一定风险。

（2）锁定

系统从某一均衡状态退出的条件就是退出收益大于退出成本。锁定是指由于各种原因，导致一个系统（可能是一种产品、技术或标准）转换到另一个系统的转移成本大到转移不经济，从而使经济系统达到某一状态之后很难退出，系统逐渐适应和强化这一状态，形成一种"选择优势"，把系统锁定在这一均衡状态。

网络外部性实际上就是一种边际报酬递增现象，即某种网络平台的用户数量越多，该网络平台能够给用户带来的协同价值就越多，用户获得的效用就越高，用户退出该网络的转移成本就会越高，在马太效应的作用下这种状态又在不断强化，使得市场和用户被锁定在这一网络平台（尽管这一网络平台不是最优质的）上。

转移成本和锁定紧密相关，在产品和技术的标准化还不健全的时候，也就是不同厂家或不同品牌的产品之间、不同的系统或软件之间、不同的网络之间等还不能兼容，用户放弃原来的产品而重新选择就不得不面临诸多障碍，用户需要跨越和克服的各种障碍就构成了转移成本。最早研究厂商对消费者锁定问题的学者是 Von Weizsacker 和 Paul Klemperer。其中 Paul Klemperer 从产品视角出发阐述了转移成本的构成。

①学习的成本。从一种已经熟练使用的产品转移到一种从未接触过的新产品必定需要花费一定的时间和精力，花费一定的培训和学习费用。

②交易的成本。更换产品供应商将会面临一定的未知风险，也可能会增加一部分交易费用。

③ 机会成本。丧失作为老客户的身份，也会因此失去商家为答谢老客户而做出的一些让利和无法享受到老客户优惠等。

转移成本是对顾客被某一供应商锁定程度的衡量，也是对顾客路径依赖程度的衡量，与传统的商务模式相比，电子商务条件下的产品、技术、平台等锁定现象会更为普遍和突出。电子商务环境下消费者转移成本增高而被供应商锁定的原因主要是因为电子市场条件下的网络外部性，也就是用户使用某产品的效用是随着网络的扩大递增而不是递减的。

帅旭和陈宏民通过两阶段的 Hotelling 竞争模型，分析了具有网络外部性寡头竞争市场中的消费者转移现象，得出的结论是：基于网络外部性的转移成本具有至少具有两种功能——锁定已有的老客户、能有效吸引新客户或是竞争对手的客户；而基于经验产品的转移成本却只能使厂商锁定各自原有的老客户。

二、跨境电子商务交易模式

1. 跨境电子商务 B2C 贸易模式

跨境电子商务平台在 B2C 贸易中起到了至关重要的作用，出口企业以跨境电商平台为载体，利用国际网络营销手段去了解海外目标顾客的购买需求、同类竞争商品的市场价格和供求状况，开拓国外消费市场，通过相配套的第三方物流系统和第三方支付系统，直接开展跨境贸易业务，如图 1-2 所示。

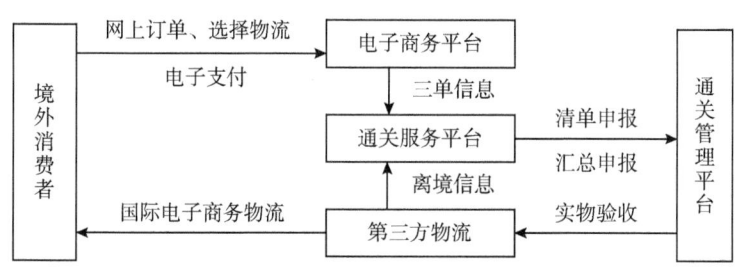

图 1-2　跨境电子商务 B2C 贸易模式

利用网络开展国际营销可以充分发挥网络广告投入成本低、见效快的优势，企业能够快速了解目标市场状况，了解国际市场竞争者的业务活动能力、资金融通能力、经营方式和销售渠道等，随着跨境贸易电子商务开展，企业愈加意识到开展国际网络营销的优势和重要性。企业对消费者的跨境电子商务的实际操作方式又可以分为两种：一种是国内直发，企业通过跨境电商平台网上接受订单，再通过邮政小包等形式从国内寄发，通过国际第三方快递送达国外顾客。该操作方式实际应该归属为一种灰色交易行为，出口商品并没有经过正当的通关和检验检疫，没有办理相应的海关和商检手续，不能进行正常的收入结汇和出口退税等，无法进行跨境贸易电子商务统计。另外一种操作方式则是通过在境外建立仓库，当企业在交易平台接到订单时通过海外仓库进行发货，通过快递公司将物品送达目标客户。该方式在业务完成时间上要比国内直发方式缩短很多，大约只需两天左右时间，同时它是一种阳光交易，因为出口商品在发往国外仓库的时候就办理了相应的通关和商检手续，企业可以进行正常的收入结汇和出口退税。国外消费者对该模式的体验度较好，给予了比较高的评价。海外建仓方式提高了跨境贸易电子商务的效率，同时有利于国家跨境电子商务行业和相关企业规范化和阳光化发展，将成为跨境贸易发展的必然方向，这将有利于跨境电子商务企业扩大规模，提高企业跨境运营效率，开展国际化竞争与经营策略。

2. 跨境电子商务 B2B 模式

跨境贸易电子商务 B2B 模式是基于企业之间电子贸易平台的一种交易方式，企业通过电子商务平台发布自己的商品、服务或者合作业务等信息，境外买方企业则通过平台获取并浏览该信息，买卖双方通过电子平台进行业务洽谈、价格商讨、敲定合作条款等，而成交、通关流程仍然要在线下完成，基本是按照传统国际贸易形式进行运作，本质上还应该归属于传统对外贸易的范畴。跨境电子商务 B2B 模式已经纳入海关一般贸易统计，如图 1-3 所示。

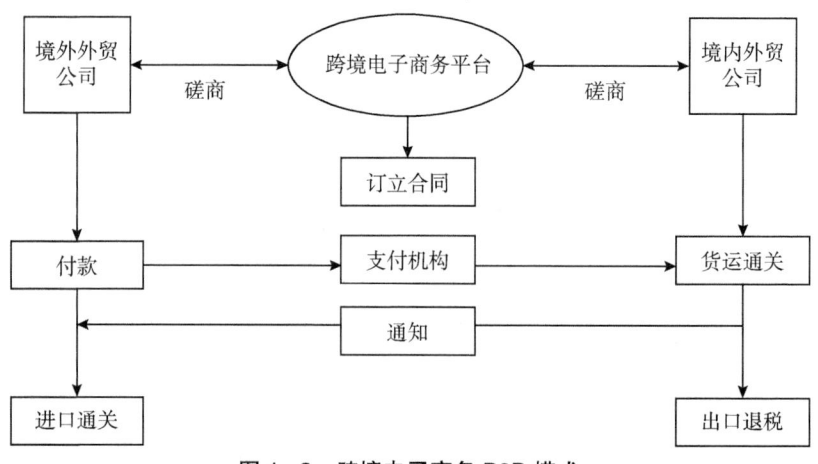

图 1-3 跨境电子商务 B2B 模式

中国制造网和中国诚商网都属于跨境 B2B 电子商务平台。中国制造网具有自己功能强大的商业信息数据库，努力营造良好的网络商业环境，服务高效而快捷，已经帮助众多供应商和采购商牵线搭桥，为各类中小制造业企业提电子商务软件服务，以信息产业促使传统制造行业提高信息化水平和能力；中国诚商网前身是"在线广交会"和"中国商品交易市场"，其业务范围覆盖跨境电子贸易整个流程，包括网络交易、单证票据传输、国际物流、国际电子支付、贸易管理、安全认证、企业征信等内容，该平台可以为注册会员企业提供跨境贸易整个流程的电子化服务，能够及时、准确而全面地为其会员企业提供相关贸易数据，确保买卖双方能够顺利、快捷地完成交易。

3. 跨境电子商务 M2C 模式

2013 年和 2014 年是跨境贸易电子商务爆发的年份，与此同时，外贸电商模式也在呈现一些新的变化，如海外仓库的布局、支付方式多样化、多币种支付、小语种的打造、移动客户端的布局等。根据这些变化，跨境贸易电子商务又呈现出一种新型运作模式，称之为制造商与消费者之间的电子商务（M2C），如图 1-4 所示。

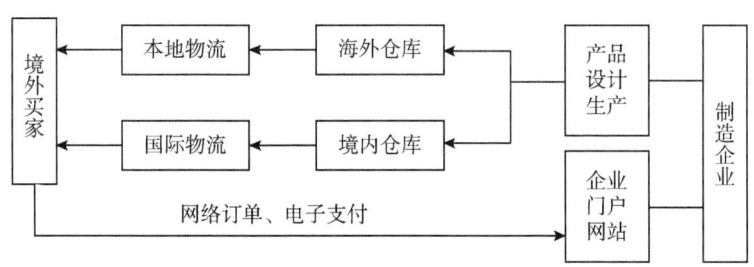

图 1-4　跨境电子商务 M2C 模式

M2C 模式是指制造企业将产品设计、产品生产制造、产品销售都整合起来进行垂直销售的一种电子商务模式，该模式可以充分体现出制造企业在供应链当中的核心地位，发挥供应链管理的优势作用，特别适合制造企业通过电子商务方式开展对外贸易，展现出了工贸一体化企业的贸易竞争力。

能够提供质量过硬、价格低廉的商品是企业开展跨境贸易电子商务的优势所在，但随着制造企业发展和转型升级，劳动力和生产制造成本将会大大升高，之前的低价格优势将会越来越弱化，产品的竞争能力将会减弱。很多企业已经意识到这一点，有能力的企业开始通过自主设计、生产和销售产品，去运作培育自己的企业品牌。当然，品牌培育是一个长期的过程，需要不断去投入、经营和积累，但毫无疑问，这将是一个完全可行的跨境电子商务运作模式。

此外，还出现了一种叫创意电子商务的模式，指跨境电子商务企业通过平台网站提供充满个性化且具有独特创意的产品给消费者的一种对外贸易模式。该模式的最大优点就是用户可以购买到别具创意、意想不到的产品，可以快速吸引眼球并积累用户，打造品牌聚合效应。但是，该模式也具有较明显的缺陷，因为个性化商品并不是重复性需求很强的商品，因此，商品的重复购买率很低，这将给企业带来两大困难：一是创意商品的高开发成本很难收回；二是获取用户的成本可能经常会高于用户的购买额度。因此，创意电子商务模式的运作应该充分考虑用户的需求量级及需求潜在空间大小，另外可以考虑将创意电子商务模式作为主流电子商务 B2C 模式的延伸模块，丰富消费者的网络购物体验。

三、跨境电子商务与传统对外贸易

1. 跨境电子商务与传统外贸的差异

关于跨境电子商务与传统对外贸易的比较分析已经存在一部分相关研究，但大多是从两者的优缺点对比、贸易成本、交易效率、贸易方式和贸易风险等方面展开的，例如，跨境电子商务打破了时间、空间的限制，剔除或者减少传统国际贸易的中间环节，形成了方便快捷的交易模式，降低了贸易产品的交易价格，增加了销售企业的利润等；在突出强调电子商务优势的同时也提及了跨境电子商务的缺点，例如，在通关、商检、结汇、退税和争端处理方面都存在一定的灰色空间和障碍，而在传统对外贸易中这些问题都不存在。而从跨境贸易的整个交易流程和关键环节的角度去分析跨境电子商务和传统贸易差异的文献资料还不常见到。本书从贸易产品与国际营销、货款支付、通关、物流等方面给出了系统性的比较分析。

（1）产品与营销差异

从产品策略和营销策略的角度来看，跨境电子商务和传统国际贸易的区别主要表现在以下 3 点。

① 跨境电子商务方式下可以使产品经营种类多样化，款式多样化，产品更新换代速度相比传统贸易加快很多，而且可以实施产品定制化生产、差异

化生产策略；而传统贸易在产品改变方面却不能根据国际市场变化做出快速反应，在经营产品种类和式样方面也相对单一和稳定。

② 跨境电子商务采用电子商务手段开展国际网络营销，相对于传统贸易方式的突出优势就是能把多种类、多款式产品以最快的速度展现在消费者面前，跨境电子商务可以建立商品信息库，储存海量的商品信息，以备随时查询和提取，这可以为供求双方在交易方面带来极大方便，缩短买卖双方洽谈时间，快速达成交易。

③ 与传统贸易营销相比，国际网络营销在营销方式、手段上更加多样化，企业可以通过网络广告将产品快速推向国际市场，采用多媒体促销手段。同时，跨境电子商务可以轻松实现商家与消费者的在线互动，如在线咨询、订购、查询等功能。而对传统贸易方式来说，将产品大范围地推广到国际市场是一项巨大的工程，需要相当长一段时间和付出不菲成本。跨境电子商务与传统外贸的差异见表1-6。

表1-6 跨境电子商务与传统外贸对比

比较内容	跨境电子商务	传统对外贸易
产品特征	产品种类多、差异化明显，更新速度快	产品种类少、差异不大，更新速度慢
订单特征	批量小、批次多、订单分散	批量大、批次少、订单集中
企业特征	规模小，外贸市场反应灵敏	规模大，外贸市场反应慢
交易特征	基于跨境网络平台的交易	基于传统商务合同的交易
流程特征	流程简单，垂直销售	流程复杂，中间环节众多
支付结汇	方式复杂多样，无法享受结汇退税	程序规范成熟，正常结汇和退税
物流特征	流量小，对速度、安全等要求高	流量较大，对速度等因素要求不高
运营成本	成本低，投入产出率高	成本较高
市场特征	市场增长快，不受贸易保护限制	市场增长慢，受贸易保护影响

（2）跨境支付差异

跨境贸易电子商务与传统外贸在跨境支付上存在两大明显差异：一个表现在支付结算方式上；另一个表现在支付业务管理上。

首先，跨境电子商务相对于传统国际贸易在支付结算方式上存在多样性。跨境贸易进行支付发生资金流动，这就必然涉及资金结售汇和收付汇。目前，跨境电子商务支付结算的方式主要有两种：一种是跨境支付购汇方式，包括第三方购买外汇支付、境外电商接受人民币支付、通过国内银行购买外汇汇出支付等；另外一种就是跨境收入结汇方式，主要包括第三方结汇、通过我国银行汇款等方式。

其次，传统国际贸易在支付业务管理方面已经具备明确而完善的规定，而跨境贸易电子支付业务的管理还存在较大缺陷。跨境电子商务具备虚拟性特征，使得外汇监管部门在审核跨境交易真实性、货款支付合法性方面增加了难度，对异常资金通过电子商务进行跨境流动的监管困难提升。此外，对交易主体的市场准入还没有标准，这将增加客户外汇资金风险；对交易主体办理对外收付款的申报规定还不够完善，增加了外汇监管难度；还有就是，对跨境电子商务涉及的外汇交易归属管理范围没有明确的规定。

（3）通关差异

通关是指进口、出口和转运货物必须向海关申报及办理相关的手续、履行规定义务后才能给予放行，因此又称为结关、清关。传统进出口贸易货物通关都需经过"申报—查验—征税—放行"等基本环节；而跨境贸易电子商务一般具有货物数量少、交易额小等特点，通关过程一系列烦琐的手续和费用支出往往会超出网络商家和消费者承受范围；此外，传统通关也大大降低跨境电子商务的交易效率。2013年，商务部、海关总署等9部委联合发布《关于实施支持跨境电子商务零售出口有关政策的意见》，对于跨境贸易电子商务在海关、检验检疫等方面提出了具体的规定措施，创新了流程监管模式，海关对出口企业的商品进行集中监管，并采取清单核放、汇总申报的方式对出口商品办理通关手续，大大提高跨境电商的通关效率和降低通关费用。

（4）国际物流差异

跨境电子商务和传统对外贸易在交易对象和交易方式上的差异也必然造成二者在跨境物流方面呈现出明显的差异性。传统外贸商品批量大，通关和商检等手续复杂，物品配送速度慢；而跨境电子商务出境商品数量少、频率高，对商品配送的速度要求较高。两种贸易方式在跨境物流上的差异可以概括为以下3点：

① 传统对外贸易当中，物流与信息流、商流处于明显分离状态，"三流"不能够在同一时间、同一场所中进行；而跨境贸易电子商务，尤其是数字产

品交易和服务贸易中,商流、物流和信息流完全可以在一个平台上完成,"三流"同步化趋势变得明显。

② 跨境电子商务相对传统贸易的最大优势在于交易的高效性和便捷性,然而,该目标的实现要求在线交易和线下商品配送必须相辅相成,跨境物流运输渠道须适应跨境电子商务的快速发展,跨境电子商务对物流配送速度的要求显著高于传统外贸,物流配送的速度和质量直接关系境外消费者的购物体验。

③ 跨境电子商务物物流相对于传统外贸物流显得更为烦琐,是一个受到多种因素影响的复杂事物,需要考虑到配送成本、速度、商品安全和售后服务等多个方面。跨境电子商务物物流是伴随着跨境电子商务发展而出现的一个新生事物,已经显示出了良好的发展前景和巨大的成长空间。

2. 跨境电子商务与传统外贸的融合

(1) 贸易全球化发展趋势

① 突破地区限制。电子商务发展的基础是计算机和计算机网络,跨境电子商务则更是基于国际互联网而形成并发展起来的,网络的开放、互联、无边界特征使跨境电子商务必然突破地区、国界的限制从而具备全球化特征,跨境电子商务是一种无边界贸易,地理因素对其影响程度大大减弱。

② 形成开放、多维、立体的多边经贸合作模式。跨境电子商务冲破了传统贸易过程当中的国界障碍,使贸易演变为全球性贸易,引起了全球经济贸易发展的重大变革,开放、多维、立体的多边经贸合作模式正在形成,企业可以通过互联网把产品和服务等提交到国际市场,市场合作机会相对于传统贸易大大增多,经济主体可以充分实现即时联系和信息共享,多方参与和多方协作变得容易。

③ 推动世界经济一体化。跨境电子商务对经济全球化和世界经济一体化起到了重大推动作用,为各类经济主体构建了一个世界性的活动平台,促进经济资源在全球范围内流动和优化配置,企业可以在全世界范围内寻找相匹配的合作伙伴,快速、低成本地将企业及产品展现给海外客户,消费者也可以低价、便捷地实现更多的消费选择,各类经济主体在最大范围内和最大程度上实现互利共赢。

(2) 贸易简洁化发展趋势

① 缩短贸易渠道。跨境电子商务缩短了对外贸易的销售渠道,电商企业可以通过交易平台直接面对海外批发商和消费客户,建立国内产品或服务外

贸直销渠道，剔除了传统贸易过程中复杂而烦琐的中间环节。传统对外贸易产业链条中，商品从制造商到消费者手中需要经过"制造商—出口商—批发商—零售商—消费者"这样至少5个环节。传统外贸产业链如图1-5所示。

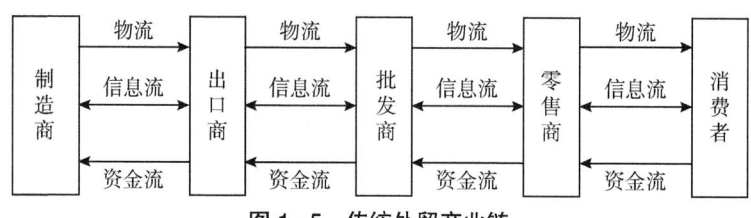

图1-5 传统外贸产业链

跨境电子商务可以实现"制造商—消费者"这样一步直达的销售效果，节省众多的中间环节和较高的中间成本，减少了中间利润让渡，制造商利润空间得到最大程度提升，消费者也因为利润让渡可以获得最低的购买价格，实现商品制造商和消费者双赢的局面。跨境电子商务产业链如图1-6所示。

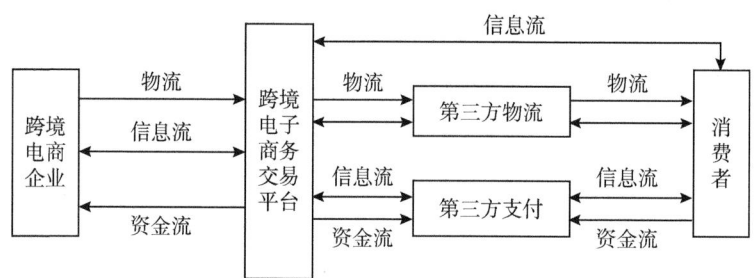

图1-6 跨境电子商务产业链

跨境电子商务可以使企业形成自主掌控的境外贸易渠道，掌握贸易链条当中的主动权；同时，企业直销模式可以直接获取来自目标市场对商品或服务的反馈信息，有利于改进产品、服务和新型产品的开发。跨境电子商务创新了外贸产业链条，开辟了对外贸易新渠道，提高了对外贸易的效益和效率。

② 一站式解决方案。对外贸易涉及国际物流、跨境资金流和交易参与方之间的信息流，同时还受到诚信机制的影响和制约，相对于境内交易是一个非常复杂的过程。而跨境电子商务提出了海外仓储的概念，通过对海外目标市场进行调查与预测，提前预测未来海外市场需求量，根据预测来确定海外

仓库储存量，提高物流配送速度和在线购物体验；跨境电子商务平台提出一站式解决方案，提供物流、金融、政策保护等相关服务。

（3）贸易碎片化发展趋势

随着国际贸易的电子化进程，互联网在快速改变着世界市场，外贸商品市场正在发生着虚拟化演进，最主要体现在对外贸易方式的变化，外贸虚拟市场开始形成。传统贸易当中的货物批量大、批次少、订单集中的交易特征发生了重大改变，中小企业利用电子商务技术和跨境电子商务交易平台，打开了细分程度更高海外消费市场，对外贸易开始朝着小批量、多批次、面向大面积消费群体的小额交易方向发展。跨境贸易在电子商务的驱动下呈现出碎片化发展趋势，形成碎片化的根本原因在于国际分工的进一步细化及互联网技术推动。由于资金和风险等因素的影响，大额外贸交易转变为中额、小额交易，大批量采购转为小批量、多频率购买，尤其是电子商务技术发展使生产商或零售商通过网络平台直接接触数量巨大、散布于全世界的目标客户，形成网络直销模式，更是对外贸易碎片化的重要推动因素。

第三节　研究现状

一、网络市场的相关研究

关于网络市场的研究文献主要可以总结为3个方面，即关于市场结构变化的论述、网络市场属性的相关描述和网络市场演变的动力研究。

1. 关于市场结构二元化的讨论

1995年，哈佛商学院两位教授杰弗里·雷鲍特（Jeffrey Rayport）和约翰·斯维奥克拉（John sviokla）最早提出了市场场所（Market Place）和市场空间（Market Space）的概念：市场场所是一个可以看到并能够触摸的物质世界，市场场所当中企业可以通过运作物质资源来为客户生产制造有形产品和提供实体服务；市场空间是一个由信息所组成的虚拟世界，在市场空间中企业可以利用信息并通过对信息的加工来为顾客创造无形产品和提供虚拟服务。市场场所和市场空间在资源运作和产品服务方面的不同，使企业在这两个竞争世界面对不同的竞争规则，企业价值创造的方式和手段也会存在重大差异。杨坚争2009年、2012年、2016年最早明确提出了市场二元化的观点，市场已经形成实体市场和虚拟市场并存的二元化结构，两者具有完全不同的对应形态，虚拟市场具有独立的主体、客体和交易模式。王昕天等（2022）提出中国商品流通市场在信息技术的作用下快速发展，线上电子商务市场与线下传统商贸市场呈现出明显的融合趋势，在线下商贸交易量较低的水平上，电子商务交易量对其具有正向作用，这种正向作用与经济发展水平呈正比；在线下商贸交易量较高的水平上，电子商务交易量对其具有负向作用，这种负向作用与经济发展水平呈正比。

2. 关于网络市场的属性研究

电子商务环境中，企业和消费者面临的是一个虚拟化的网络市场，市场地域分散，跨地区和跨国界特征相当明显，信息高度透明。在现代商务模式中，更多的产品和用户处于虚拟网络节点上，表现出了新的市场动态和竞争战略特征。网络市场中的虚拟企业本质上是一种网络组织，由核心企业、合同商或分包商共同组成，核心企业发挥指挥和协调作用。D. E. Leidner 于1999年论述了虚拟伙伴关系在电子商务发展中的重要作用，并以法国小型软件企业为例，分析了企业所面临的全球电子商务挑战，给企业在全球虚拟市场环境下提出了相应运作策略，如售后支持、综合实力培养和网络市场推广等。Grover S. Kearns 于2005年指出，网络市场相对于传统市场表现出了更快速的增长率，提供了更多的市场机会，企业发展需要将业务经营和电子商务战略有机结合。Anna Nagurney、Jose Cruz、June Dong、Ding Zhang 于2005年构建了一个供应链网络模型，分析了虚拟市场交易中供应方和需求方所存在的风险。Daniel G. Conway、Gary J. Koehler 于2000年指出，电子商务开辟了买家和卖家的新机遇，消费者在虚拟市场环境中可以获取比实体市场中更多的消费利益。Shuchih Ernest Chang、S. Wesley Changchien 和 Ru－Hui Huang 于2006年研究了网络市场中的个性化营销方面的问题，强调指出消费者产品专业知识传授的重要性。李斌等（2021）提出，网络市场渗透有利于高效率企业提升市场势力，并相应削弱低效率企业市场势力，降低了固定成本和冰山成本（销售费用），改变了市场结构，降低了区域市场集中度和市场进入壁垒，网络市场渗透开拓小众市场，使企业转入产品差异化竞争。

3. 关于网络市场演进动力的研究

Naveen Erasala 等（2003）指出，电子商务从根本上改变着市场形态，市场虚拟化特征下需要企业与客户和供应商之间的联系愈加紧密，企业之间的竞争已经转变为价值链之间的竞争。杨坚争、艾维娜等2017年指出，互联网技术的广泛应用推动全球市场分化为两个截然不同的分市场，即实体市场和虚拟市场，两个市场既有区别，又存在联系。以互联网为基础的电子商务突破了传统的地理市场的限制，促使以信息传递为核心纽带的"全球虚拟大市场"的形成。

二、跨境电子商务发展的相关研究

通过搜集和分析跨境电子商务发展方面的研究文献，可以将相关的研究归纳为两个方面：一是跨境电子商务发展对传统国际贸易影响的研究文献；二是跨境电子商务促进经济发展的研究文献。

1. 关于跨境电子商务对国际贸易的影响研究

（1）跨境电子商务显著降低贸易成本

跨境电子商务运作模式有效降低了企业在对外贸易过程中的包括搜寻成本、交易成本在内的固定成本和可变成本。张洪胜等（2021）研究了跨境电商对中国双边贸易成本的影响，跨境电子商务作为承载"互联网＋外贸"的贸易新业态，通过交易模式变革、交易环节简化、交易流程优化等推动贸易成本下降；鞠雪楠等（2020）利用"敦煌网"平台相关数据证明跨境电子商务能够有效降低国际贸易中的固定成本（如市场规模），但对可变成本（如关税）更加敏感，有助于克服生产的固定成本，但对生产的可变成本（如劳动力成本）更加敏感，跨境电子商务能够有效规避诸多贸易成本因素方面的壁垒；马述忠等（2019）基于阿里巴巴发布的ECI跨境电商连接指数，利用2015年中国与G20国家、2016年中国与"一带一路"沿线国家组成的混合截面数据对跨境电子商务能够显著降低贸易成本这一命题进行了证实，同时指出，在与中国的双边贸易中，相较于低收入国家来讲，跨境电商在与高收入国家贸易中的贸易成本降低效应更显著，相较于出口跨境电商而言，进口跨境电商的贸易成本降低效应更显著；李金叶等（2021）采用熵值法量化中国跨境电商的总体发展水平，采用中介效应模型和系统GMM模型，实证分析中国跨境电商通过影响贸易成本进而影响出口商品的成交价格,并且发现,跨境电子商务对出口商品单位成交价格的影响"先扬后抑",先抬高,后降低,其原因可能是跨境电子商务对贸易成本同样呈"先扬后抑"影响。

(2)跨境电子商务促进国际贸易高质量发展

跨境电子商务推动外贸增长,是实现外贸高质量发展的新动力。张金灿等(2022)基于2013—2021年中国省际面板数据,采用静态固定效应模型和动态GMM回归模型实证分析跨境电子商务对外贸高质量发展的影响,主要表现为通过优化外贸结构、提升外贸绩效水平、增强外贸竞争力及提高外贸规模地位直接推动外贸的高质量发展。跨境电子商务作为一种网络贸易深刻影响着传统外贸。跨境电子商务已经被证实在促进企业出口参与、扩大企业出口规模和对出口提质增效方面的作用。徐保昌等(2022)提出,随着跨境电子商务在各国外贸中的地位愈加重要,中国和东盟将跨境电子商务作为推动双边贸易高质量发展的重要内容。王娜等(2023)通过构建跨境电子商务指标体系和门槛模型,证实跨境电子商务对我国出口贸易基准回归呈现正向影响,也存在单一门槛效应。马述忠等(2019)构建了包含传统贸易和跨境电子商务两种销售渠道在内的理论模型,系统分析了消费者和生产者两种主体选择跨境电子商务渠道的门槛水平,传统贸易渠道的供应链越长,消费者及生产者选择跨境电子商务渠道的可能性就越大,跨境电子商务渠道的成本加成率与传统贸易渠道的平均成本加成率之比越大,消费者选择跨境电子商务渠道的可能性越小,而生产者选择跨境电子商务渠道的可能性越大。李小平等(2023)从出口产品转换的视角考察了跨境电子商务的资源再配置效应,利用双重差分模型估计了跨境电子商务对我国工业企业出口产品转换的影响及其资源配置效应,跨境电子商务显著提升了中国工业企业的出口产品转换率,而且,这种产品转换有利于企业全要素生产率和出口产品质量的提升,具有良好的资源配置效应,跨境电子商务主要通过"成本效应"和"竞争效应"促进了出口产品转换和资源再配置。

2. 关于跨境电子商务发展对我国经济发展的影响研究

(1)关于跨境电子商务促进我国经济增长的研究文献

跨境电子商务作为一种贸易新业态,正广泛而深刻地影响全球经济发展,中国跨境电子商务产业发展处于世界领先水平,对中国经济发展产生了重要影响。马述忠等(2021)研究表明,跨境电子商务发展,一方面降低信息成本，促进出口在扩展边际上的增长；另一方面强化规模经济，促进出口在集约边际上的增长。黄先海等（2022）提出，跨境电商综试区建设和发展为长三角城乡协调发展提供新的思路和实践经验，基于长三角 2011—2020 年 41 个地级市面板数据分析发现，跨境电商综试区建设显著缩小了城乡收入差距，跨境电商创业活力和生产性服务业的集聚是跨境电商综合试验区影响城乡收入差距缩小的重要作用机制。王利荣等（2022）指出，跨境电商综合试验区是国家推进贸易新业态，实现更高水平开放，助推经济高质量发展的重要举措，第一批杭州综试区对地区经济增长，对外贸易水平及产业结构升级均有显著的促进作用，而第二批综试区的经济效应主要体现为对外贸易水平的促进作用，对地区经济增长和产业结构的效果不明显。王志盼等（2022）以 Wish 平台注册商户位置大数据为主要数据源，综合运用 DBSCAN 聚类等地理可视化方法和面板回归模型分析方法，探究了 2014—2018 年我国大陆地区跨境电商时空格局变化及其影响机制，进而提出我国跨境电商发展已进入经济高质量驱动阶段。宋颜群等（2023）分析了跨境电商发展对家庭消费的影响和作用机制，跨境电商显著提升了改革地区的家庭消费，但对东部地区、高互联网普及率地区、农村地区和社会经济条件较差家庭样本组的消费提振作用更强。

（2）关于跨境电商推动国内国际双循环的研究文献

赵崤含等（2022）提出了跨境电商助力构建国内国际双循环的作用机制，一是帮助疏通生产、分配、流通、消费各个环节，共同推动形成国内大循环为主的发展格局；二是跨境电商赋能国际外循环，促进我国深度融入全球要素分工体系，帮助形成国内国际双循环新发展格局。张夏恒等（2021）指出，跨境电商通过拉动国内市场需求，推动内需与产业间的互动，实现了内需与国际经济循环互动。张夏恒（2021）通过分析跨境电商促进双循环新发展格局的理论机制，发现推动跨境电商发展能够有效地促进双循环新发展格局，提出应大力推进跨境电商与实体经济、传统产业融合来扩大国内大循环、推进国内国际双循环互动。赵新泉等（2021）指出，数字贸易是推动形成双循环新发展格局的"加速器"，也是未来世界各国在数字经济领域竞相博弈的战略基点，在双循环新发展格局下，我国数字贸易迎来难得的发展机遇，跨境贸易渠道和范围大幅拓宽，线上互联网平台成为基本的经济单元，数字服务贸易成为助力贸易增长的新引擎，中小企业和个人是数字贸易的重要参与者和获益者。曹小勇等（2021）指出，数字经济与实体经济的融合发展推动了服务业数字化转型，促进服务业创新升级、效率提升，实现服务业的跨界融合与精准匹配，随着全球数字强监管持续推进，数字双循环体系促进国内消费升级，强化国际经济合作。曲维玺等（2021）通过分析中国当前跨境电子商务的发展特点、面临的问题和挑战，从理论层面深入探索跨境电子商务的创新机制，在此基础上从跨境电子商务商业模式创新、产业深度融合、境外综合服务体系建设、体制机制创新、国际合作机制和多元化人才培养等方面提出中国跨境电子商务的创新发展策略，促进形成跨境电子商务新优势，推动国内国际双循环水平提升。韩彩珍等（2020）强调，数字经济成为推动我国经济双循环发展格局的重要抓手，数字经济与跨境电子商务促进了内外需市场数量和质量的提升，助推以内循环为主的国内国际双循环发展，应继续进一步加大信息基础设施建设，大力发展专业化与高端化的生产性服务业，积极促进电商发展，大力发展跨境电子商务以连接内外循环。

三、跨境电子商务与制造业融合发展的相关研究

1. 制造业企业实施跨境电子商务战略的相关研究

跨境电子商务助推商品销往全球各地，为我国制造业企业发展提供了强劲动力。王搏等（2022）通过实证分析测算我国跨境电子商务与制造业集群企业协同度，研究发现，2012—2020年跨境电子商务、制造业集群企业有序度一直呈上升趋势。张夏恒（2022）指出，在推动我国传统产业转型升级和全球价值链攀升时，需要关注如何实现跨境电子商务与传统产业融合的重要问题，跨境电子商务为构建全产业链集聚提供了可能的路径基础。王惠敏等（2021）指出，跨境电子商务在与传统产业融合的过程中不断创新服务模式，扩大贸易规模，推动传统产业利用跨境电子商务改变生产方式和流通方式、塑造品牌形象、提高附加值，成为培育对外贸易竞争新优势的重要途径。郦瞻等（2020）指出，面向国际市场的跨境零售已经成为我国对外贸易的重要组成部分，能够满足全球消费者更为丰富化、碎片化、个性化商品需求的跨境零售已经成为我国传统产业参与国际市场分工、促进传统产业转型升级的战略模式，构建和优化网络产品、网络价格、跨境平台、网络促销、设计展示和跨境物流等6项跨境零售要素，对于提升和塑造我国传统企业竞争优势具有重要意义。李臻等（2018）通过分析中国跨境电子商务发展现状和"一带一路"背景下企业走出去的国际环境，从国家竞争优势、平台搭建、风险防范和基础设施建设4个方面阐述跨境电子商务发展对企业走出去的影响因

素，提出"差异化服务、产业链打造、商业模式创新、国际电商合作和金融配套体系完善"等5个方面的对策建议。贺正楚等（2017）提出，中国传统制造业与跨境电子商务通过互动融合发展，也开始形成制造业跨境电子商务这个新业态模式，要进一步发展中国制造业跨境电子商务，需要加强制造业跨境电商平台建设和物流体系建设，建立和完善跨境电子商务市场监管体系及完善支付结算制度。

2. 跨境电子商务促进制造业转型升级的相关研究

跨境电子商务是推动中国对外贸易高质量发展、促进产业转型升级的重要推手。刘玉荣等（2023）利用2003—2019年中国284个地级市面板数据研究表明，跨境电子商务发展能够显著提高生产性服务业专业化集聚水平，进而推动地区产业优化升级，但对多样化集聚有一定的抑制作用；跨境电子商务政策效应随时间推移而逐渐增强，对以信息传输、软件和信息技术服务业为代表的高端生产性服务业影响更明显，而中西部城市、欠发达地区和中小城市政策效应更显著；跨境电子商务能加快地区信息化水平建设，扩大进出口贸易增长，提升城市创新水平，从而促进生产性服务业专业化集聚和产业优化升级。于世海等（2022）提出，制造业数字化是未来制造业高质量发展的关键，各国数字服务贸易限制措施会显著阻碍制造业数字化转型，但这种负向影响对发展中国家的影响要比发达国家更为显著，研发密度越高的行业受到的阻碍作用越大，阻碍程度按高研发密度、中高研发密度、中研发密度、中低研发密度依次递减，资本密集型行业和技术密集型行业相较于劳动密集型行业阻碍影响更显著。张夏恒等（2022）基于大规模实地调研发现，传统产业的企业认可跨境电子商务业务的必要性，具有一定的转型意愿，但由于经营中困难重重，不同类型企业间差异巨大，对跨境电子商务认知不足，加之缺乏人才、政策、跨境电子商务培训、跨境电子商务支撑环节、专项资金、营商环境等多方面支持，向跨境电子商务转型存在很大难度。

跨境电子商务为制造企业创新能力提升提供了新的契机。史亚茹等（2023）分析了2011—2020年中国上市公司的数据，研究显示，跨境电子商务改革显著增加了试验区内企业申请专利的数量，这种影响主要通过增加企业利润，促进技术溢出和推动制造业服务业融合等得以实现。唐红涛等（2022）提出，跨境电子商务发展可以打破传统的价值挖掘方式，通过协同多方主体在不同发展阶段的价值导向、资源和行动以实现价值创造。我国经济发展到一个新阶段的特征就是数字经济与实体经济深度融合。金泉等（2022）指出，跨境电子商务平台使中小企业能够补充关键资源、促进价值创造模式创新和价值链重构，通过帮助中小企业集聚人才、技术和资金等关键资源，进一步提升中小企业数字化转型内生动力，实现跨境模式创新、产品创新和国际品牌塑造。彭怀安等（2023）基于2012—2019年282个地级市面板数据，评估了综试区政策对地区产业结构升级的影响，研究表明，跨境电子商务综试区政策推动了地区产业结构升级，中西部地区综试区政策对产业结构高级化的提升有显著促进作用，而东部地区综试区政策对产业结构高级化的促进作用不显著，但均能够促进产业结构合理化。

第四节　本章小结

本章界定了市场、网络市场、网络、网络外部性、数字经济、网络经济、跨境电子商务相关平台、自由贸易区、自由贸易试验区和跨境电子商务综合试验区等概念，并对相近概念进行了对比区分，在界定相关概念基础上分析了市场虚拟化演进和跨境电子商务发展的相关理论。

摩尔定律描述了计算机芯片的发展速度。当芯片越来越广泛使用，就会使越来越多的传统产业实现信息化和网络化，消费者越来越倾向于多样化的细分市场，而这些差异化、个性化特征明显的市场就是长尾市场，美国人克里斯·安德森把丰饶经济学作为发现长尾的基础。

吉尔德定律（Gilder's Law）是来描述主干网带宽增长速度的。随着带宽增加，将会有更多设备连接上网，将会给人们带来巨额回报。我们已经进入具有更高传输速率、更大的带宽、更强的通话能力的5G时代，这将为用户带来了更加智能化的生活方式。

梅特卡夫法则主要是来描述网络资源价值的定律。连接到网络中的计算机数量越多，则网络资源的价值就会越高，而且呈现几何级数增长。这也表现出了信息资源不会随着消费的增加而被损耗的特征，反而会随着消费数量的增加形成更多新的信息产品，创造更大价值。同时需要注意的是，梅特卡夫法则中，网络外部性（网络规模效应）也可能破坏市场效率，降低社会总效用，从而导致市场失灵，主要表现为两个方面：一是实际产出与社会有效产出相偏离；二是次优技术占领市场。

马太效应（Matthew Effect）是描述好与坏、强与弱、多与少等强烈反差现象的一种规律。在一定条件下，优势或弱势一旦出现，就会不断加剧和自我强化，出现滚动的累积效果，网络市场中的边际收益递增会促使经济系统产生一种局部反馈的自增强机制，进而经济系统会呈现多态均衡、路径依赖和锁定等特征。梅特卡夫法测解释了用户为什么愿意加入更大的网络市场，因为市场越大商机也就越多，大网络所体现出来价值更高，用户获得了协同价值。网络平台的用户数量越多，该网络平台能够给用户带来的协同价值就越多，用户收益就越大，用户如果退出，将会面临巨大的转移成本，而马太效应又在不断促使这一状态得到强化，从而使得市场和用户被锁定在这一网络平台上，尽管这个网络平台可能不是最优的。

跨境电子商务交易主要可以分为B2C、B2B和M2C这3种模式。而M2C模式是近年来适应跨境电子商务新发展所呈现出来的一种新型运作模式，称之为制造商与消费者之间的电商模式，制造企业将产品设计、产品生产制造、产品销售充分整合进而实现垂直销售，充分体现出制造企业在跨境电子商务供应链当中的核心地位，展现出了工贸一体化企业的贸易竞争力。

相关的研究文献主要集中在网络市场、跨境电子商务的发展及影响和跨境电子商务与制造业融合发展3个方面，而在跨境电子商务发展方面的研究主要体现在跨境电子商务对国际贸易的影响和对经济增长影响，关于对制造行业的影响研究方面关注度还不高，尤其是在实证分析上更是少见。在跨境电子商务融合发展方向的研究，更多侧重于制造业企业开展跨境电子商务战略和跨境电子商务促进制造业转型升级两个视角，对跨境电子商务与制造业融合发展机制和融合发展策略关注度还不多。

第二章　市场的虚拟化演变研究

第一节　市场虚拟化演变的基本动力

一、产品虚拟化推动了市场虚拟化演变

1. 实体产品

人们最初对产品的理解就是能够提供某种实际效用的物质实体，即实体产品，一般都有实体店存在。典型的实体产品包括手工业产品（如编织、陶瓷和木艺类产品）和机械工业产品（如自行车、拖拉机、空调等）。

电子商务发展使传统实体商品越来越容易通过网络平台进行展示、宣传和销售。网络营销显示出了比传统营销成本低、速度快、针对性强等多种优势，网购更是为消费者带来了实惠。传统企业正是看清楚了电子商务发展所带来的无限商机，从而加快了实施电子商务发展战略的步伐。全球速卖通、京东、天猫等电商平台也为中小制造业企业和传统零售企业提供了网络销售入驻平台。苏宁、国美、百联等传统大型品牌零售企业也加大了开拓网络市场的力度。

寄递业务量的大幅度提升可以反映出网络平台对实体产品销售的促进作用。国家邮政局公布的数据显示，2022年中国邮政行业寄递业务量完成1391亿件，同比增长2.7%；行业业务收入完成1.35万亿元，同比增长6.9%。其中，快递业务量完成1105.8亿件，同比增长2.1%；业务收入完成1.06万亿元，同比增长2.3%。2023年开局以来39天快递业务量破100亿件、67天破200亿件、96天破300亿件，当前快递业日均揽收和投递包裹量均超3亿件，在方便消费、服务民生和拉动经济等方面的作用日益凸显。网络已经成为传统实体商品越来越重要的销售平台，同时，该平台还能够加强商品生

产者和消费者之间信息沟通，生产者也因此可以第一时间了解消费者需求，准确把握市场机会，提高市场反应灵敏度。

2. 信息产品

（1）信息的概念

信息奠基人香农（Shannon）认为，"信息是用来消除随机不确定性的东西"；控制论创始人维纳（Norbert Wiener）认为，"信息是人们在适应外部世界，并使这种适应反作用于外部世界的过程中，同外部世界进行互相交换的内容和名称"；经济管理学家认为，"信息是提供决策的有效数据"。信息是对客观世界中各种事物的运动状态和变化的反映，是客观事物之间相互联系和相互作用的表征，表现的是客观事物运动状态和变化的实质内容。传统的信息传递方式主要是"口耳相传、驿差、邮寄信件、电报、电话"等方式，信息传递速度慢、不精确，传递费用高，信息形式单一（主要是文字）。计算机网络普及后，为信息传递带来了巨大突破，传递的信息量大，信息形式多样化（文字、声音、图片、视频等），传递速度快，不受地域阻碍。

（2）信息产品的概念

信息产品是基于信息的交换物，指的是在信息化社会中产生的以传播信息，整合信息，利用信息等以信息为核心的服务性产品。新闻产品、媒体产品、广告、软件产品等是信息产品的主要内容。信息产品凝结着人类劳动的信息。信息作为产品是由信息内容及信息载体两部分构成的。网络时代是信息爆炸的时代，互联网为我们带来的信息是海量的、铺天盖地的和纷繁复杂的，但是，这些信息不一定就是信息商品，因为这些信息当中有相当一部分是没有价值的数据。能够成为信息产品的是指那些经由人们有目的地进行搜集、整理、加工和组织之后进入市场的信息。

互联网出现之前，信息产品就以实体产品的形式而大量存在，如书籍、图片、报纸等。而在互联网出现之后，信息产品发展呈现出了两个特征：一是网络技术的普及和应用使得大量的信息产品趋向于数字化形式，数字化之后的信息产品借助互联网工具能够被快速地传播和被获取，如计算机软件、电子图书、网络电影等通过互联网能够快速地被下载使用、阅读和观看等；二是信息产品的范畴在扩大，通过网络技术和计算机软件将实体产品所包含的信息内容进行数字化，进而扩展了信息产品的内容。

(3) 信息产品的分类

信息产品可以分为有形信息产品和无形信息产品,这是按照信息产品是否必须依附于某种物质载体而言的。只能将以某种物质来承载信息的称为有形信息产品,也称信息物品;无须用固定物质来承载的为无形信息产品。

需要物质载体承载的有形信息产品又可以分为两种情况:一种是信息内容不随物质载体形态的转变而改变,如科技信息产品、经济信息产品等;另一种是信息内容会因为物质载体形态的转换而改变,如工艺、美术方面的信息产品。

无形信息产品无须固定的物质来承载,可以以人脑为储存载体,或者可以以声波、电磁波等形式存在。也可以将无形信息产品理解为信息服务。

(4) 信息产品的本源性质

① 信息产品本质是信息劳动。首先,信息产品是对信息资源进行劳动加工的成果,没有凝结人类劳动的信息不能成为信息产品。比如,自然现象所发出的信息和人类社会所产生的原始信息都只能称之为信息,而不能叫作信息产品,对信息资源的加工劳动称为信息劳动。其次,信息劳动是一种智力集约化的劳动,在信息产品的生产过程中以智力劳动投入为主。

② 信息产品满足人们精神需求。信息产品能够满足人们的信息需求。信息需求是人们在工作、生产和生活中对信息、知识和情报等的需求,显然,信息需求是一种精神需求。

3. 数字产品

(1) 数字产品的概念

美国著名经济学家夏皮罗和瓦里安在《信息规则:网络经济的策略指导》一书中认为,数字产品(digital products)就是编成的一段字节,包含数字化格式,可编码为二进制的交换物均视为数字产品。我们可以从一种广义的角度去理解数字产品,其范畴至少包括两个方面:一是指信息内容为数字格式的产品;二是基于数字技术的电子产品或者该电子商品的数字形式(可以通过网络进行传播、也可以附属于实物载体)。

(2) 数字产品的特点

数字化产品表现出与实体产品明显区别的特征。第一,数字化产品可以通过网络快速传播。由于数字化产品本质就是信息,而网络则是传播信息的工具,所以网络为数字化产品提供了最好的传播通道。传输控制协议/网际协议下将数字信息的多个数据包分别送达相应的 IP 地址。随着信息技术进步和网络带宽扩展，数字产品在网络渠道中的流转速度在加快，传输的容量在扩充，传输的准确性在提高。第二，数字产品的边际成本趋近于零。这是数字产品区别于传统实体产品又一重要特征。实体产品的生产以对一定数量的原材料、劳动力等生产要素的消耗为必要条件；而数字产品在研发阶段需要投入较多的智力成本，属于一项复杂劳动，生产者需要付出较大的开发成本，这也构成了该产品的固定生产成本。一旦数字产品研发成功，信息的可复制性使得数字产品的边际成本几乎趋近零。由此可以看出，数字化商品在生产成本构成上具有两个重要特点，一是前期的固定成本投入巨大，二是边际生产成本趋近于零，这两点必将驱使生产商追求大批量销售才能够收回前期巨大的固定成本投入，进而赚取高额利润。由此，我们可以从物理特性和经济特性两个方面来分析数字产品的特点。

① 数字产品的物理特性。与传统实物商品相比，数字产品不再需要附属于物质载体，计算机网络为其提供了高效快速的传输方式，从物理属性上呈现出了不可破坏性、可变性和可复制性 3 个明显特征。其中，不可破坏性表现为数字产品不存在破损、折旧和丢失等问题，不会随着使用时间较长或是使用次数较多而出现质量下降问题，一手数字产品和二手数字产品没有质量差别，多数情况下消费者对某一数字产品的使用次数是唯一的。可变性特征表现为数字产品的内容容易被修改，修改原因往往有以下几种情况：一是生产商根据客户的定制化需求进行修改；二是因为在互联网传输过程数据包不完整或是被黑客篡改；三是因为生产商对数字产品进行升级完善。可复制性主要是指数字产品一旦生产出来就很容易被低成本、大批量地复制。

② 数字产品的经济特性。数字产品从经济属性视角呈现出了非竞争性、"经验产品"、外部性和对个人偏好的依赖等 4 方面特征。数字产品的非竞争性是指数字产品可以同时被许多人使用而不会损害别人的消费，这主要是由数字产品的信息内容特征所决定的。因为信息可以实现共享，虽然数字产品可以通过制度性和技术性设计实现排他性，比如受到知识产权保护的数字商品和经过加密的数字商品，在一定程度确实实现了排他性，但是目前相当多的数字产品在网络上还是能够免费获取的，想完全实现数字产品的排他性还具有一定困难。数字产品的"经验产品"特征是指消费者只有先试用某一数字产品才能够对该产品做出评价，产品的价值才能够被用户所确定，市场人员总是去采取多种策略来帮助消费者去了解某一新的数字产品，比如免费试

用一定时间、新用户优惠、促销定价等手段。数字产品的外部性和网络的外部性一样，都可以分为正的外部性和负的外部性，有价值的数字产品被消费者购买和使用会带来更多的消费者，产品的信息内容被用户获取后会使消费者受益或者推动整个社会进步；相反，虚假的数字产品和负面的信息被消费者使用和获取，则会使损害消费者利益甚至给整个社会带来危害。数字产品对消费者个人偏好的依赖是因为产品的本源是包含了人类的思想、知识、智力、资料等内容的信息，而对这些信息的理解、接受、偏好、感受、再创新等都会因人而异。

（3）数字产品的分类

数字产品的类别较多，以数字形式传播和使用的信息产品，以知识或过程形式存在，即使没有相应的实物形式也可以经过数字化后成为数字产品。例如，有多年烹饪经验的厨师就可以将实践中总结出来的经验和技术做成文档和视频，作为数字产品进行销售。数字产品分类情况可以参照表2-1。

表2-1 数字化商品类型

商品类别	类别描述	商品内容
信息类商品	数字版本的纸上信息产品	期刊、报纸、图书、杂志等
	数字化的图形图像	幻灯片、卡片、地图、日历、照片等
	数字版本的产品信息	培训手册、用户手册、商品说明等
娱乐类商品	数字化的音频	唱片、音频节目、语音录音等
	数字化的视频	电影、电视节目等
表征类商品	代表某种契约的数字产品，数字化的网上订票服务	宾馆、机票、车票、体验比赛和演唱会入场券等
	代表某种契约的数字产品，数字化的财务金融工具	电子支票、电子货币、有价证券、银行卡等
服务类商品	电子政务	职能部门服务：表格、文件、在线登记等
	电子商务	消费类服务：网络购物、网络银行、电子通信等
过程类商品	软件驱动和激发的远程交互行为，软件在数字化过程中发挥重要作用	网络教育、网络医疗、网络论坛、虚拟图书馆、数字博物馆、网络聊天、网络游戏等

值得注意的是，信息类商品和娱乐类数字商品在数字商品数量中占据较大比例，它们能够确切地表达一定的内容，所以也可以把它们合并归为内容性数字产品，而且它们都有一个共同的特征，就是在网络传播过程中很容易涉及敏感的版权问题。内容性数字产品与数字化过程产品的区别在于：内容性产品更加侧重于产品本身所包含的信息内容，数字化过程产品则更加侧重于软件在实现产品价值过程中所发挥的作用。例如，用户通过CAJ来阅读中国期刊网上的论文，微信用户通过软件传输助手进行传递信息和文件，这些都是数字化过程类和服务类产品的典型例子。

4. 网络信息服务商品

（1）网络信息服务产品的概念

信息经济时代出现了传统实体市场不曾具有的新商品，即各种类型的网络服务产品，它们以网络的出现和逐步普及为前提条件。传统市场经济在网络的冲击下，各种类型的网络信息服务商品被从中独立地分离出来，它们是以数字形式存在的更为高级的虚拟商品。

（2）网络信息服务产品的特征

网络服务具有以下几个特征：第一，网络信息服务的提供是以一定的网络知识和网络应用技能为基础条件的。网络应用价值属性的体现是以网络应用和网络环境为必要基础，因此，网络信息服务商品的销售和推广，同时也是网络的普及过程和全民网络应用技能提高的过程，它也是一个长期的过程。第二，创新和网络市场需求相结合导致网络信息服务商品出现。市场空白及网络服务的某种使用价值是一种新兴网络信息服务商品产生的需求条件，而市场利益驱动及技术创新是网络服务商品能够产生的供给条件。第三，网络服务商品的推广适合采用营销中的锁定策略。锁定策略在网络服务商品的营销推广过程中使用最为普遍，它是指顾客习惯于某种服务商品、服务模式，或者是转移到其他同类服务商品消费会支付更高的成本，以至于顾客不愿意放弃该商品的购买或使用。

网络服务最开始的推广基本是以免费形式进行的，但这仅是作为一种促销手段，目的是为了抢占用户数量，扩大市场份额，一定时间后网络服务商品将会有一个相对合理、准确的价格区间定位，盈利将是商家的最终目的，达到盈利目的可以是以前期亏损为手段，这也是电子商务运营当中最常见现象。例如，2013年打车软件蓬勃发展，为居民叫车出行提供低价、便利服务，滴滴打车、快的打车、摇摇招车、大黄蜂打车、好打车、打车小秘快速发展，其中滴滴打车、快的打车占据市场八成份额。打车软件应用累积注册用户井喷式增长，随着用户的增多，软件覆盖的区域也由一线城市深入到二、三线城市。网络服务商品的出现，很大程度上提高了人们生活便利程度和生活质量，使信息在网络传递过程中创造出更多新价值，这也是网络服务商品满足人们使用属性的综合体现。

二、货币虚拟化推动了市场虚拟化演变

1. 货币的概念

日常生活中，人们对货币（money）的认识和理解是多重的、模糊的，可以用来表示多种不同的含义，可以指通货（currency），用于支付所购买的商品和服务；也可以是指财富，被看作是财富的同义语，是与存款、房地产、股票、债券及其他各类资产紧密联系在一起的；还可以指收入，但货币持有量增加并不能等同于收入增加。

经济学中既没有将货币定义为狭义的通货，也没有将其定义为宽泛的财富概念，而是根据货币的功能来给出定义："任何一种能执行交换媒介、价值尺度、延期支付标准或完全流通的财富储藏手段等功能的物品，都可以看作是货币。"其中，交换媒介、价值尺度是货币的独有功能。货币的交换媒介作用是指先用商品或服务交换为货币，再用货币去交换为别的商品或服务。这种交换媒介功能可以避免解决直接物物交换当中存在的双重需要偶合（double coincidence of want）问题，另外还可以避免许多商品具有不可分割性的缺陷。价值尺度表明，货币可以作为比较各种商品或服务相对价值的工具，如同千米用来测量距离，千克用来测量重量一样。

虚拟市场环境下，购买者需要对销售者提供的众多商品和服务作价格比较，同时要求这种价格比对能够连续而且快速地完成。电子商务时代催生了很多购物网站，消费者在购买某种商品的时候，总是希望能够以最低价格在某个网站或者网络店铺中获得，在这种需求促使下，又产生了专门的比价网站。比价网站诞生于美国，不过网络购物风靡，当今国内也产生了很多比价网站，甚至可以提供全方位的比价，如比价网、安图搜、爱购网、三脉网等。延期支付标准是用来表示未来支付的标准，但该功能同时造成了一些问题，因为货币价值是一个动态性事物，会随着时间而发生改变。货币作为财

富贮藏手段具有低交易成本甚至是零交易成本、价值相对固定两个基本的特征。

2. 货币的类型

根据货币的价值属性，我们可以将货币分为以下几种类型。

第一类是足值货币或者叫商品货币（full-bodied commodity money），此时商品的价值和作为交换媒介的货币价值完全对等，即作为货币早期形态的足值货币的内在价值或者是它本身作为商品的价值与其额定价值相等。早期的足值货币形态有牛羊等牲畜、贝壳、粮食、金属等，中国最早的货币是贝壳等。

第二种类型的货币是代表性足值货币（representative full-bodied money），这种货币本身几乎没有固有的价值，但它可以与足值货币相兑换，它是代表足值货币的一种权力和凭证，但比商品货币具有携带方便的优势特性。代表性货币作为一种代表物，主要有银行券、辅币等执行货币基本职能的形态。

第三类是信用货币（credit money），该类货币不能用于兑换商品货币，它是以信用作为保证，通过一定的信用程序发行，可以实现货币流通和支付职能的一种现代化货币形态。信用货币不同于商品货币，本身不具有内在价值，能够充当流通手段和支付手段被经济主体接受的原因主要有两个：一是信用货币具备表征货币一样的信用关系保证；二是来自国家对信用货币的收付承诺，法律规定禁止任何债权人在索偿时拒收该信用货币。可以看出，第二阶段的代表性货币已经体现出了一定的信用货币的信用关系特征，它只是作为足值货币的代表物，本身内在价值远远低于其额定价值却可以被接受，体现出了代表性货币向信用货币过渡的形态和趋势。

法律规定，禁止任何债权人在索偿时拒收该信用货币，使其成为法定货币（fiat money），表示在债务支付时它必须被接受，除非债务契约当中明确规定了其他偿还方式，如以实物偿还。另外需要注意，存款不是法定货币，不能强迫债权人接受支票。法定货币的概念并非等同于货币的概念，不能作为判断某物品是否是货币的必要条件，只要该物品能够在交换中被普遍接受，可以执行价值尺度功能，就可以作为货币。

3. 电子支付

随着电子科学技术的发展和进步，货币体系也在发生着进一步的演变，电子汇款代替邮寄支票实现大额支付功能，并且电子银行越来越普及。零售商普遍采用 POS 机（销售点终端），顾客可以通过银行卡自动借记账户方式来实现支付商品或服务的购买款项。电子转账方式进行资金流转相较于支票具有两个明显的优势：第一是陌生客户接受电子支付的方式要比接受支票方式的意愿更强烈；第二是顾客通过预付卡方式进行资金流转开始在各国范围内实现，对市场经济发展和社会繁荣都发挥着重要作用。资金交易采用电子手段进行，通常需要用到互联网系统和数字储值系统，即一般是基于互联网和基于银行卡介质，该系统可以直接连接顾客银行账户，从而实现支付功能。

客户、厂商、金融机构等通过信息网络，借助安全的信息传递方式，以数字化形式进行货币支付和资金流转即可以称之为电子支付手段。电子支付既可以应用于网络在线支付、电子交易范畴，也应用于人们日常生活小额交易领域。2003 年，国际清算银行（BIS）下设机构支付结算系统委员会将电子支付系统划分为批发支付和零售支付两种类型：批发支付业务一般在银行之间进行，主要针对大额度或在时间上要求紧迫的资金；零售支付主要针对小额资金、时间性要求不强的消费支付。2005 年，中国人民银行在《电子支付指引（第一号）》中指出，客户（包括单位和个人）可以直接通过电子终端，也可以授权他人通过电子终端发出支付指令进行支付和实现资金转移。按照指令发出方式，可以将电子支付分为以下几种类型：网上支付、电话支付、移动支付、销售点终端交易、自动柜员机交易等。可以看出，网络通信技术（包括互联网技术、远程通信和 NFC 通信技术等）、电子计算机技术和电子识别技术（包括射频扫描识别和磁条识别技术等）是实现电子支付的技术基础，而电子工具只是媒介。

从是否通过银行账户进行支付的角度来分析，电子支付基本可以划分为两大类，一类是基于货币工具的支付，另一类是基于银行账户的支付；从是否基于卡介质的角度，可以将电子支付分为基于卡的支付和基于账户的支付，简称卡基支付（card-based payment）和账基支付（account-based payment）。电子支付分类参见图 2-1。

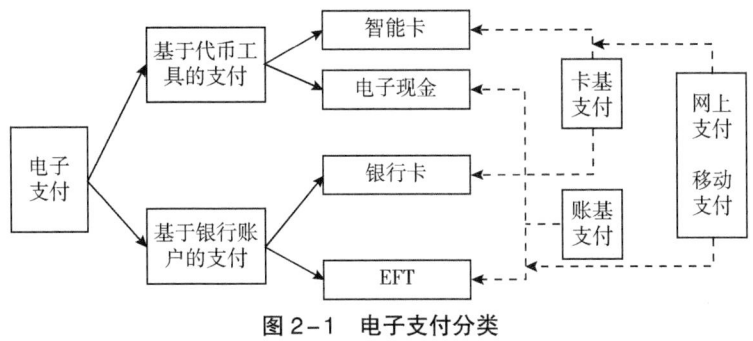

图2-1 电子支付分类

另外,支付方式之间并没有严格清晰的划分界限,它们具有一定的交叉性。例如,借记卡和信用卡既可以作为银行账户在网上进行直接支付,即实现账基支付,又可以在销售点终端实现卡基支付。电子现金支付实施是先从银行账户通过转账方式到电子现金软件包,虽然电子现金软件包类似于一种账户形式存在,但它已经存在于银行系统的监管之外,因此,电子现金软件包可以被看作是一个脱离银行系统的现金账户。移动支付是相对于计算机传统的固定端支付形成的,如今移动支付发展迅速,已经成为各家支付企业重点发展的业务,各家主流支付企业纷纷加快在移动支付市场的布局,手机钱包、手机刷卡器等支付产品都开始得到了推广。表2-2展现的是我国2013年电子支付的发展情况。

表2-2 我国2013年电子支付发展情况

支付类别	业务数量	业务金额	数量同比增长率	金额同比增长率
网上支付	236.74亿笔	1060.78亿元	23.06%	29.46%
电话支付	4.35亿笔	4.74万亿元	-6.59%	-8.92%
移动支付	16.74亿笔	9.64万亿元	212.86%	317.56%
电子支付	257.83亿笔	1075.16万亿元	27.40%	29.46%

数据来源:中国人民银行《2013年支付体系运行总体情况》。

2013年，支付机构累计发生互联网支付业务153.38亿笔[①]，金额9.22万亿元，同比分别增长56.06%和48.57%[②]。电子支付数量和金额之所以能够持续、快速增长的原因，主要可以从两个方面去分析：第一是电子支付用户数量的快速增长，2013年，电子支付用户数量高达2.6亿，同比增长17.9%；第二是电子支付在网络购物、公共事业缴费、本地生活等领域应用日益广泛，网络购物占据了电子支付的最大比例，其次是航空客票，再次是基金申购、电信缴费等。

4. 电子货币

货币的虚拟化演进表现在从具有内在价值的一般等价物演变为一种抽象存在。从实体形式演变为电子屏幕数字，即数字化货币，将支付款项、通货使用、融资、存取款等与通货有关的信息全部经过数字化处理而得到的数字化信息，称之为电子货币。虚拟货币及虚拟财产交易已经成为电子商务时代一种越来越普遍的经济现象，也是社会经济发展当中的新亮点，成为新的经济增长点。

目前，国内外对它的研究还不够深入，学术界也没有给出一个共同的定义和认识。2000年，欧洲中央银行（European Central Bank）给出了电子货币的两个关键要素：第一是电子货币应当是附属于某种技术设备，该设备包括有形设备，如智能卡等，还包括网络系统，特别是互联网，可以发挥储存、展示及管理真实货币价值的功能；第二是具备能够等同于实体货币被交易主体所接受的功能，同时，访问交易主体银行账户不是完成交易业务时的必要条件。同一年，国际清算银行（Bank for International Settlements，BIS）提出，电子货币预付卡和预付软件产品是交易主体所拥有的一种储存有资金或者是货币价值的预付型产品，预付卡又可以叫作电子钱包，需要通过网络进入访问和管理的软件产品或系统又可以叫作数字现金。很显然，欧洲中央银行和国际清算银行对电子货币的注解是存在异议的，欧洲中央银行把预付卡一类产品排除在电子货币范畴之外；国际清算银行则对预付卡隶属于电子货币作

---

① 支付机构是指依据中国人民银行《非金融机构支付服务管理办法》规定，取得支付业务许可证，获准办理互联网支付业务的非金融机构。
② 中国人民银行.2013年支付体系运行总体情况［EB/OL］.（2014-02-17）［2014-04-20］. http://www.pbc.gov.cn/publish/goutongjiaoliu/524/2014/20140217090448334460050/20140217090448334460050_.html.

出了明确界定，但又把信用卡账户和支票账户的资金归属到电子货币的概念外面。余实和汪慧玲 2010 年在《虚拟货币对货币政策和金融监管的影响》一文中指出，虚拟货币就是互联网企业发行的用于购买网络虚拟产品的一种支付手段。张春嘉 2008 年在《虚拟货币概论》一书中提出，虚拟货币是既没有贵重金属，又没有国内生产总值作保证的纸币。何长旭 2009 年在《虚拟货币与通货膨胀》一文中提出，虚拟货币在执行价值尺度功能时并不需要真实货币，只存在于人的观念当中。而尚文敬针对虚拟货币功能的观点比较单一明确，在其论文《网络经济背景下的虚拟货币发行、流通和退出机制研究》中提出，虚拟货币只是承担了交易媒介唯一功能，而不具有其他货币功能。张小荣 2006 年在《虚拟货币现状及其发展趋势研究》一文中对虚拟货币的发展趋势做了预测，初级阶段虚拟货币是不统一的，高级阶段的虚拟货币将在网络交易中统一起来。2010 年，周光友在《电子货币及其对货币流动性的影响》一文中特别强调了电子货币在实现支付和货币转移时计算机网络的基础性功能，首先，货币数值和相关记录是存储于计算机系统当中的；其次，电子货币介质（包括卡介质和电子软件软介质）必须通过计算机网络连接到货币发行者的终端设备。

电子货币主要有卡币（stored value card）和网币（network money）两种类型：卡币以卡介质为基础，主要类型有智能卡、储值卡等形式，卡片通过电子技术处理可以储存货币数值和相关记录，通过卡介质的存储和记录等功能实现货币的电子支付；网币（network money）则是通过一种软介质，即电子计算机软件，来实现存储货币数据和相关记录，通过计算机网络连接商业银行和交易主体终端来实现货币支付和转移，可见，网币是以计算机网络为基础的。由上述分析可见，不论是以卡介质为基础的卡币，还是以计算机网络为基础的网币，两者在实现货币支付和转移功能上所表现出来的都是一种电子数据传输和变化，是一种数字化形式，是一种虚拟形式，电子货币是虚拟货币。

三、交易流程虚拟化推动了市场虚拟化演变

1. 传统交易流程

交易的基本原理就是社会的某一成员创造出有价值的商品，而该商品正好为其他成员所需要。当人们开始出现活动分工时，商业活动也就出现了。

当货币出现以后,取代了最低级阶段的易货贸易,商品交易变得容易而频繁。交易活动就是至少有两方参与的有价物品或服务的协商交换过程,包括买卖各方为完成交易所进行的各种活动。

（1）买方业务流程

传统交易流程涉及买方的第一项工作是确定需要。该需要包括简单需求和复杂需求,例如,饥饿时对食品的需求就是简单需求,发电厂对新型发电能源的需求就是复杂需求。当买方特定需求确定以后,就开始通过各种方法（如参考产品目录、咨询亲友、阅读广告等）去寻找能够满足这种需求的产品和服务；当满足需要的产品或服务选定以后,就是选择产品或服务的提供商,买卖双方进行谈判,针对交易的相关内容进行协商,包括交货日期、运输方法、商品价格、质量保证、付款条件等；最后一个步骤就是买方付款,买方确认商品可以满足议定条件时,就可以进行货款支付。买方还可能就售后维护、质量担保等问题再与卖方进行沟通。传统交易中买方业务流程如图2-2所示。

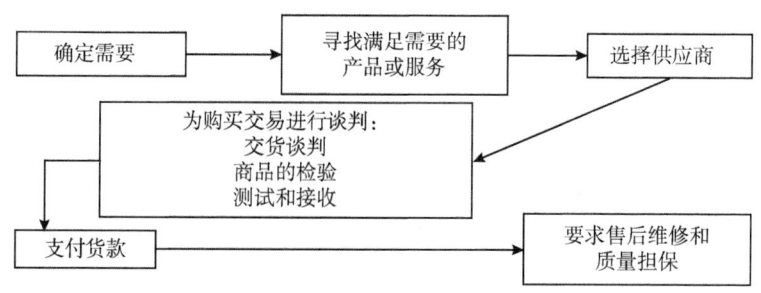

图2-2 传统交易买方业务流程

（2）卖方业务流程

卖方业务流程的第一步则是通过市场调查来确定潜在的顾客需要。因为顾客需要随着时间、场所等条件变化而在不断发生着改变,因此,即使是长时间提供一种商品或服务的商家,也要尽可能多地去了解顾客需要,不断对企业所提供的商品和服务做出改进和更新。企业在确定顾客需要之后,就要去组织资源开发和生产能够满足顾客需要的产品和服务,实现产品更新、开发新产品、产品测试和生产等。卖方下一步的主要业务就是广告和促销,让潜在的顾客知道企业新开发的产品和服务已经存在,尽可能多地使顾客了解产品和服务的相关信息。当卖家的广告和促销信息引起顾客反应时,便进入了买卖双方业务洽谈阶段。之后便是卖家向顾客交付商品或提供服务，同时提供相应的销售发票。卖方在有些情况下要求买方在交付货物前或者交付货物时进行付款，相当一部分企业是靠商业信用进行经营，买方收货后付款。销售活动结束之后，产品的质量保证和售后服务相关活动还需要卖方与顾客进行接触。传统交易卖方业务流程如图2-3所示。

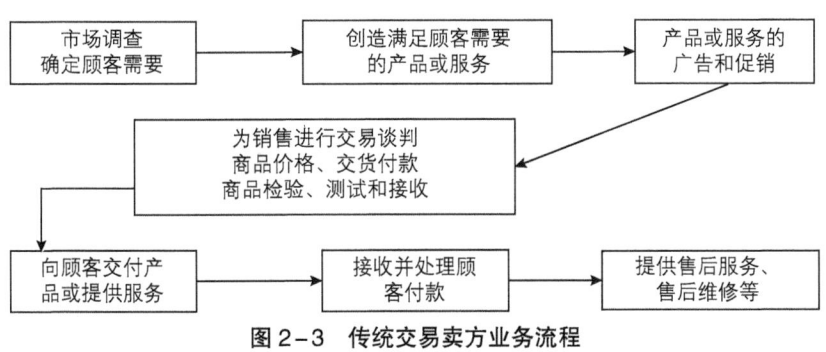

图2-3 传统交易卖方业务流程

从买方和卖方的交易业务流程来看，每个交易环节都包含了大量的业务活动。交易活动具有嵌套或聚类的特征，是指交易活动的每个过程都可能有多项活动，这些活动反过来又被称为商务活动的过程。

2. 电子交易流程

随着电子通信技术的发展和互联网的出现，企业越来越多地采用电子通信工具来完成各种交易活动，例如，企业使用电子数据交换（EDI）技术实现订单发出、票据录入和传输，消费者通过互联网可以订购全球各地的在线销售商品，银行通过电子资金转账技术可以在全世界范围内实现按照顾客要求进行资金转移。

（1）企业和消费者（B2C）交易流程

网络直销是电子交易模式中的重要内容，主要是指企业和消费者之间的电子商务。网络直销是指买卖双方利用网络直接进行交易，无中间环节，低交易成本，短时间，高效率。网络直销业务流程可以用图2-4描述。

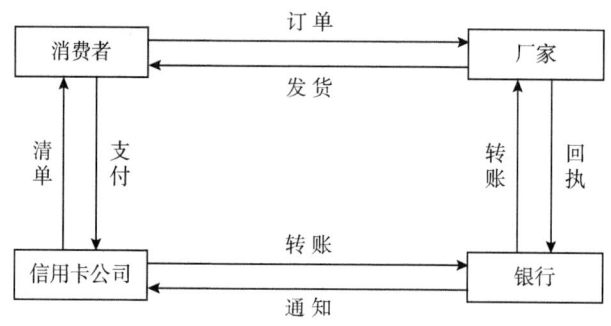

图 2-4 网络直销流程

从图 2-4 中可以看出，网络商品直销过程可以分为以下 6 个步骤：

① 消费者进入互联网，查看在线商店或企业的主页；

② 消费者通过购物对话框填写姓名、地址，购买商品的品种、规格、数量和价格；

③ 消费者选择支付方式，如信用卡，也可选用借记卡、电子货币或电子支票等；

④ 在线商店或企业的客户服务器检查支付方服务器，确认汇款额是否认可；

⑤ 在线商店或企业的客户服务器确认消费者付款后，通知销售部门送货上门；

⑥ 消费者的开户银行将支付款项传递到消费者的信用卡公司，信用卡公司负责发给消费者收费清单。

上述过程也可以用图 2-5 表示。

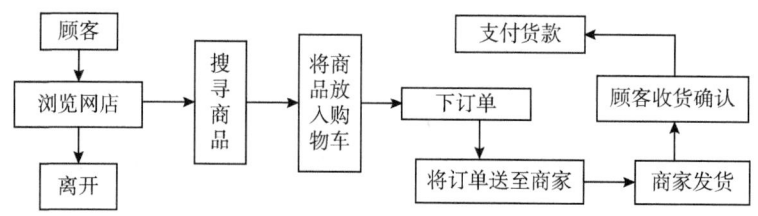

图 2-5 电子交易业务流程

（2）企业间（B2B）网络交易业务流程

企业间（B2B）电子商务是指企业利用自己的网站或者网络服务平台发布自己的买卖、招标等相关商业信息，买卖双方的交易流程一般可以分为 4

个阶段：第一个阶段是交易前的准备阶段，主要是指交易参与各方（主要包括买方、卖方、中介、银行、海关、保险等）为达成交易所进行的各种准备活动。买方做的准备活动主要包括货款准备、市场信息搜集、制定购货计划等，特别是确定所购买货物的数量、规格、价格、购货地点、交货方式及供应商等；卖方所做的准备活动主要包括市场调查与分析、商品发布、网络广告宣传、制定市场销售策略、寻求贸易伙伴和交易机会等。第二阶段是指交易谈判和签订合同阶段，交易各方对交易相关环节进行磋商，以书面文件或电子文件方式签订交易协议，主要确定交易各方的权利、承担义务、交易时间和地点、商品规格、违约与索赔等。第三阶段是办理交易手续，指交易各方在履行合同之前办理相关手续的过程。第四阶段就是合同的履行，交易各方遵照贸易合同行使权利和履行义务。卖方要备货、发货等；买方接收货物；银行处理买卖双方收、付款结算，出具相应的单证票据等。

3.国际贸易流程的虚拟化

在国际贸易中，往往将贸易过程分为交易前、交易中和交易后3个阶段。由于信息技术的采用，这3个阶段的交易活动都有了相应的信息技术手段替代传统手段，即实现了国际贸易各环节的虚拟化，如图2-6所示。

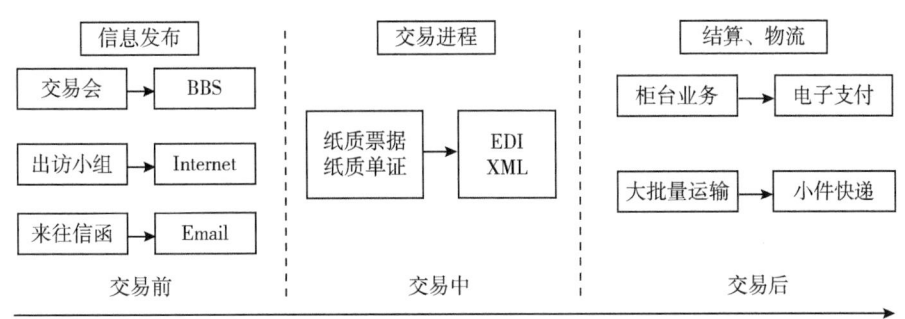

图2-6 国际贸易各环节电子化

从图2-6中可以看出，在国际贸易交易前、交易中和交易后的3个阶段中，所对应主要业务内容分别为信息发布、交易磋商与达成、结算与物流。信息发布业务中，交易会、出访小组均被网络化的信息传播手段取代，交易进程中的票据往来也实现了无纸化，交易后的支付与结算被搬上了互联网，电子贸易中最明显的物流变化则是小件国际物流大批量增加。

四、市场主体行为的改变推动市场虚拟化演变

1. 企业行为的改变

（1）生产方式的改变

电子商务的广泛应用强化了制造业企业准时制生产（JIT）的重要性，进而促成了订单生产（BTO）方式的广泛应用。准时制生产方式（Just In Time，JIT）又称作无库存生产方式（stockless production）、零库存（zero inventories）、一个流（one-piece flow）或者超级市场生产方式（supermarket production）。接单生产指的是企业根据客户订单的需求量和交货期来进行生产安排，例如，Dell计算机公司于顾客下单之后，便于一周之内完成成品交付。

（2）仓储配送方式的改变

20世纪80年代以来，制造业的发展越来越强调对市场变化的反应能力，但近年来，电子商务的应用和普及使市场的变化之快达到了空前的程度，特别是个性化需求和定制化生产趋势越来越强烈和明显，激烈的市场竞争使快速响应（QR）能力成为制造业企业生存的基础。制造业企业的快速响应能力取决于市场信息的获取能力，生产企业可以根据客户的交易记录和评价反馈对消费者需求进行判断，通过对替代品和相关品市场变化去捕捉消费者需求信息；同时，制造业企业的快速响应能力还取决于高效率的物流配送，而获取准确的配送信息和最短的配送路线则成为必要条件。近年来，跨境电子商务行业出现的"海外仓"成为提高物流配送效率的一种尝试。中国作为一个制造业大国，为了使中国制造走向世界，在销售地投资建厂以降低配送成本和提高配送效率的传统做法已经不太适用，因为很多境外地区的土地、人力资源等成本较高，不具备投资建厂的条件，而互联网的快速销售和快速配送需求又要实现，建立"海外仓"便成为一种比较有效的方法。利用电子商务技术手段，相对精确地预测销售地商品需求的数量，配合"海外仓"可以及时满足海外客户的网购需求。

（3）企业的虚拟集聚

长久以来，缺少核心技术和通畅的市场信息获取渠道是中小企业成长，特别是进入国际市场的主要障碍，但网络市场条件下中小企业可以通过"虚拟整合"方式获取网络技术、市场信息、专家建议等稀缺资源，百度联盟就是这样一个平台。百度联盟旨在为中小企业提供一个基于互联网的合作环境，方便企业寻求动态联盟、技术援助和商业机会，并帮助企业管理内部

资源。百度联盟包括网盟推广合作、搜索推广合作、hao123推广合作、聚屏推广合作等业务。百度联盟与终端厂商、运营商、移动APP、小程序、网站、软件等多类伙伴紧密合作，支持全渠道、多样化的合作方式，涵盖各类推广需求。2021年12月16日，以"开放生态·万物有AI"为主题的百度联盟峰会在广州举行，百度联盟与合作伙伴共同探讨开放生态下的合作创新，百度全力支持互联互通，并已经在基础建设、技术能力、服务生态3个层面全面向合作伙伴开放。

2. 消费者行为方式的改变

截至2022年1月，全球互联网用户数量达到49.5亿人，同比增长4%，互联网用户占总人口的62.5%，每个互联网用户平均每天使用互联网的时间是6小时58分钟，通过手机访问互联网的用户占了92.1%。他们在网络上浏览，因此可能成为网络市场中产品或服务的潜在购买者。这些消费者的目标是寻找价格合适的商品、个性化商品、收藏品、娱乐、网络服务和社会交往机会等。

网络市场中的主动权已经开始转移到消费者手中，他们搜索信息、比较价格、竞价购买或与卖家讨价还价的能力日益增强。企业或机构组织是网络中的大客户和大买家，他们的交易额占据了电子商务交易额的绝大比重。

消费者的购买、消费等行为正在趋向于适应和依赖网络市场，究其原因可以归纳为以下几个方面。

① 互联网的普及和快速度、大流量的智能手机的广泛使用，使得众多消费者能够强烈感受到网络市场购物和消费的便利。

② 网络市场的高效率特征也正好迎合了当今时代人们紧张、快节奏的生活状态。

③ 网络市场的"长尾效应"正好适应消费者个性化和定制化的商品购买和消费行为。

④ 渠道、情境等因素也成为网络市场吸引消费者的原因。

3. 市场中介行为的改变

（1）市场中介的作用

商务活动包含了信息流、物流、商流、资金流等基本要素，同时也是企业和客户的集散地，市场中的中介为买卖双方提供交易信息、撮合商品交易的达成、为交易提供相关服务等，在商务活动过程中发挥着重要作用。

① 中介能够为市场提供商品供给、商品需求、商品价格和商品具体要求的相关信息。市场聚集了大量的商品需求和供给的相关信息，但也存在信息不对称现象，让每一个卖家、买家能够掌握全部需求、供给信息是不可能的，同时搜集、整理和掌握相关信息是要付出巨大成本的，行业中介对信息的收集和甄别能够有效提高交易效率。

② 撮合买卖双方达成交易。通常情况下，买卖双方的利益是不一致的，卖家往往追求的是利润最大化，而买家追求的是物美价廉、经济实惠和效用最大化，因此，交易过程中买卖双方在各自的利益追求下容易形成对立。此时，中介撮合就体现出了必要性，这需要中介具有专业的知识和技能，需要了解行业、产品、技术发展趋势等信息。

③ 提供增值服务。中介可以为供应商或用户提供诸如交付、订约、支付、咨询、需求商务合作伙伴等之类的增值服务功能。商品质量、商家信誉、买卖双方的信用等方面的不确定性都可能成为市场交易过程中的障碍，市场中介可以为买卖双方提供会面、会谈的场所，也可以为双方确定价格、签订合同和为资金做担保等，这不仅为买卖双方交易提供了极大的便利，而且也有效降低了市场经济活动中的盲目性。

（2）去中介

电子商务环境下，市场中介的第一类服务功能活动可以用网络市场、信息中介、门户网站等方式来替代，完全可以实现自动化操作，而且服务成本要比传统市场中的费用低廉很多。中介的第二类服务功能因为专业知识和技能要求较高，所以只能实现部分的自动化操作。由此，仅能够提供第一类服务或主要提供第一类和第二类服务的中介就会面临不得不退出历史舞台的局面，我们把这种现象称作"去中介"。因此，可以把去中介定义为：在供应链中，去除某些中间组织或企业本身工作中的某些中间流程。① 电子商务条件下，制造企业就可以去除传统供应链中的批发商和零售商，直接将产品卖给消费者，所以，B2C模式的电子商务将势必击垮相当一部分市场中介和中间商。这里可以举出较多的相关实例来证明这一观点：我国的过去的火车票代售点，每张票收取顾客 5 元钱的服务费，而如今，类似这样的代售机构早已消失不见；另有资料显示，1997—2007 年，美国大约一半的旅行代理机构

---

① 埃弗雷姆·特班，戴维·金，李在奎，等.电子商务（第八版）：管理与社交网络视角[M].占丽，徐雪峰，时启亮，等译.北京：中国人民大学出版社，2018：135–136.

由于受到电子商务竞争而退出了历史舞台。

（3）再中介

在这些市场中介退出相关行业的过程中，电子商务活动也出现各种各样的问题，比如，消费者在选择供应商时依然存在一定的盲目性，供应商在向顾客递送商品时并不能较全面地了解客户体验等。于是，买卖双方产生了对新的中介服务的需求。这类中介不仅能够较好地提供传统中介的已经具有的基本功能，还需要适应网络市场提供全新的增值服务功能，我们可以把这种新的中介服务称之为再中介。网络市场中的新中介可以使用数字化的手段和方法去接触客户和供应商，创造出新的价值和收益。例如，市场中介可以为客户提供商品价格比较、评级和经销商成本等信息；旅游中介可以为游客安排复杂的行程或旅游景点，增加一些增值服务项目等。

第二节 市场虚拟化演变的机理分析

一、交易时空视角下的市场虚拟化演变

一定的时间和空间是传统实体市场交易进行的必要条件，网络的应用和普及打破了人们对原有时间和空间概念的认知，出现了一个新时空，即网络空间。这个空间形成是基于一个包括全球范围的互联网系统、通讯基础设施、地球定位系统和数据库的虚拟空间。虽然被称为空间，但实际很难确定其物理边界，因此，虚拟时空交易行为的确定和追溯还存在困难，这也是网络交易纠纷难以确定诉讼地的主要原因。因此，对网络时空中的交易行为，不仅需要平面交会定位，还需要立体的空间交会定位和 IP 地址的追踪。基于 IP 地址的地理位置定位技术能够帮助互联网网站在地域上区分用户，从而提供更多的与地域相关的服务。

互联网构成了新的时空范围。从空间概念上看，网络空间具有自己全新的内涵，例如，网络交易平台跟实体的物理空间几乎没有关系，不指向明确的地理位置；从时间概念上看，网络平台交易没有时间上的间断，在线交易和网络店铺都是 24 小时持续，国家和地区之间的时差也不对交易产生影响。

基于网络空间所形成的交易市场是全时段的，也可以是全球范围的。市场交易的对象可以是信息产品、数字产品和网络服务，也可以是一定信息化

之后的实体商品,涉及商品交易的单证、票据(如合同、发票等)完全实现了虚拟化,货币支付也实现了电子支付。虚拟市场无限扩展了交易时空,同时也带来了全新的竞争,全球性市场竞争特征显著增强,市场封闭和地域保护将会受到挑战,企业归属地、企业规模等条件限制将会越来越被弱化。

二、交易对象视角下市场虚拟化演变

网络技术的应用使得大量的产品实现信息化、数字化和虚拟化,网络市场又使得这些产品能够高效率地实现交易,得到快速传播和使用,如视听资料、软件和网络服务等。从技术角度来讲,信息化、数字化和虚拟化就是指使用少量、简单的基本符号,按照一定的规则来表示大量复杂多样的信息,并实现相应的产品使用功能和服务。对于产品数字化过程普遍存在两种理解:一种是将产品所内含的信息进行复制;一种是将产品所内含的信息进行翻译(对信息的加工和演绎)。因为"翻译化"理论可能会违背数字产品的不可破坏性特点,所以会导致更多的学者去接受"复制化"观点对实体市场在虚拟化演变过程中的影响。

制造业的虚拟化首先表现在产品的数字化过程,也就是产品的数字化创新、数字化生产和虚拟制造。产品的数字化过程存在以下4个特征。

1. 标准化特征

标准化是数字产品能够被广泛接受和快速传播的必要条件,计算机和网络技术在产品的数字化过程中发挥着重要作用,只有明确标准和要求才能使数字产品被网络渠道传播,才能通用和易用。网络、通信和新技术、新设备的应用范围、覆盖区域正在快速扩大,产品的数字化过程还要考虑到产品的更新、升级、扩展、兼容等问题,因此,需要在整个系统和相关技术选用上都符合标准化要求。

2. 安全性特征

产品数字化过程中的安全性主要体现在数字产品在内涵上忠实于源数据,数字产品在功能和属性上不发生任何变异,仅仅是在形式上和应用上相比实体产品更体现科学性。这主要是因为,在产品的数字化过程中充分利用计算机网络技术,采用普遍适用的、标准化的信息编码技术,在数字产品生产过程中,信息技术起着决定性作用。

3. 个性化特征

数字产品可以根据不同的目标顾客表现出个性化特征,这主要体现为定制化生产和个性化服务内容。例如,可以根据目标用户群体的性别、年龄、职业和受教育程度进行针对性地开发、设计和生产数字产品。这里需要注意的是,数字产品的个性化特征不与标准化特征相违背,因为定制化和个性化设计生产是基于数据库、产品模块库等基础上的标准化输出,是针对不同特征用户进行的一些偏好性改变。

4. 增值性特征

产品的数字化过程充分利用计算机网络实现人类跨时空的信息交流和传递,于是产生了大量的工具类、内容类和服务类等数字产品和网络服务产品,与传统实体产品的另外一个显著性区别就在于产品从生产完成到上市销售,再到客户投入使用,几乎没有时间间隔,这也是数字产品的销售成本节约和价值增加的优越性所在,为产品开发商和用户带来了更多的经济利益。

除了生产制造业类产品具有明显的数字化特征之外,农业类产品和服务业类产品也呈现出了数字化趋势。地理信息系统(GIS、物联网、自动化控制等技术)在农业类产品中应用也全面加强和加快,服务业数字化产品也呈现多样化,如网络服务、远程服务和数字化娱乐化,"数字农业"和"数字化娱乐"内涵更加丰富。

三、交易效率视角下市场虚拟化演变

市场先进性的根本表现就在于市场交易效率的提高,而交易效率的高低可以通过两个指标来衡量:一个是交易效益,另一个是交易成本。很显然,交易效率与交易效益成正相关关系,而与交易成本成负相关关系,我们可以将交易效益与交易成本之比定义为交易效率,即有:

$$E = V/C 。 \qquad (2-1)$$

其中,E 代表交易效率,V 代表交易效益,C 代表交易成本。需要我们注意的是,这里交易效率和交易成本都是一个复杂性变量,即构成和衡量交易效益的指标可以是交易金额、交易商品的数量和交易过程中的单证、票据的数量等,构成和衡量交易成本的指标可以是交易费用、交易时间等。

信息技术的出现和普遍应用，不仅对分工和专业化产生影响，而且促使市场交易效益和交易成本发生变化，这种变化改变了传统市场交易规则甚至规律（如网络市场的外部性效应和边际效用递增等），进而对市场结构变化产生深远影响。

越来越多的制造业企业认识到，电子商务所能够给企业在产品生成、市场交易和客户交流方面带来积极效应，于是开始积极地实施电子商务战略，在市场交易方面的探索效果更为直接和明显。以现代信息为依托的电子商务交易手段的使用，跨境电子商务在国际贸易过程中的介入，使得市场营销成本降低、信息流通速度加快、交易中间环节减少、物流更加通畅等，从而显著提升市场交易效率。

无论是生产制造企业还是商业流通企业，追求交易效率的提高永远是其不变的核心目标之一，这也是由市场经济的普遍规律所决定的，因为交易效率会显著影响企业的经济效益，甚至对企业生存发展具有决定性作用。因此，各类企业都会去适应快节奏的数字化经济发展趋势，从而采用数字化交易手段，积极主动地去融入市场虚拟变化这个大环境。

四、交易手段视角下市场虚拟化演变

交易是基本的市场活动，是市场存在的根本标志。而交易手段直接决定着市场的活动效率，是市场的最核心要素。因此，交易手段的变化直接决定了市场性质和特征。信息技术和网络应用使市场交易手段和交易模式发生了巨大变化，这种变化不仅涉及生产制造、产品营销、贸易洽谈和合同签署等活动，还延伸到货币支付、物流配送和客户服务等环节。通过信息技术和生产技术相结合，实现了制造业企业的网络化、信息化和自动化；互联网营销几乎颠覆传统营销方式和战略，网络定制营销、网络交互营销和网络整合营销等更容易实现客户需求和企业利益最大化的平衡点，促使企业做出最优决策；基于客户关系管理系统（CRM）和大数据分析，制造业企业可以动态了解客户需求变化情况，为客户提供更细致、更实时的服务。

数字产品和网络信息服务（如网络游戏产品、网络视频产品、旅游服务产品、出行服务等）种类和数量日益增多，网络交易手段实现了市场的全方位虚拟化，虚拟产品、网络支付、虚拟物流等形成了一个全新的虚拟市场。

在一个具有均质性特征的交易市场中，尽管能够出现与传统交易方式性质和特征完全不同的交易方式，即使全新交易方式也会在一定程度上与传统交易手段形成竞争，但也不能改变新生交易手段在整个市场中的从属和补充地位，两者能够并行存在于现有的市场体系中，甚至相得益彰，和谐共处；在市场发生非均质性变化以后，新生的代表市场发展趋势的网络交易手段就会显著优越于传统交易手段，则会对传统的交易手段进行替代，进入一种此消彼长的状态。

第三节　虚拟市场的特征及效应分析

一、虚拟市场的特征

虚拟市场侧重于信息网络所构建出来空间上的虚拟性，市场空间中，企业经济活动的对象为信息而非传统的物质资源，土地、劳动和资本等传统生产要素对企业不再具有较多的束缚，而决定企业价值创造的主要在于对信息的收集、加工和运用能力。实体市场当中的要素在信息网络时代也体现出了虚拟化演进的特征，如虚拟货币的出现和发展、虚拟商品范围的扩展、流通过程的虚拟化等，虚拟市场和实体市场表现为并存、融合和相互促进特征，并且展现出越来越明显的趋势。网络市场虚拟性使经济活动的高效率性和低成本性变得明显和普遍，网络当中的商家、顾客和其他组织都会因为机会增多、成本降低而获得收益，社会总体效益和生产力得到提高。① 虚拟市场是一种内源型市场，市场本身可以直接自我创造和扩大，数字化商品、网络服务消费范围在不断扩大，传统的实体商品也在以前所未有的速度嫁接于网络交易手段，信息网络从多方位改变着人们的工作、生活和消费方式，这些最终都表现于虚拟市场容量的增加和扩充。

1. 柔性化特征

信息技术的进步和发展使信息获取量越来越大，也使加信息工处理速度越来越快，企业可以从多层次、多角度和多结点快速从市场获取大量信息，

---

① 段文奇.基于复杂网络的第三方电子商务平台临界用户规模研究[J].中国管理科学，2014，22（12）：93-100.

可以为更多类型的客户提供产品和服务,从而柔性化地开展企业各种经营活动。

中小企业通过有效合作和资源、信息共享可以扩大经营活动范围,形成规模经济效益,企业间协同合作使差异性市场和不同地域快速而低成本提供商品和服务成为可能,虚拟市场重新定义了企业边界和规模经济效应。互联网的开放性和信息技术广泛应用降低了信息的获取、加工和传播成本,信息共享增强了各类企业的经济活动能力和价值创造能力,价值链条上的企业间关系协同性要求提高,企业在各项经济活动上的集成度决定了企业竞争能力的高低,集成度和协同性越高,则企业价值创造能力就越强,从而竞争能力就越强。

网络市场中,知识和信息的主体地位日益凸显出来,竞争力更多地体现在对知识和信息的掌握上,传统商品中的信息技术含量在不断增加,服务需求表现在高知识含量的信息服务产品上,社会生产、流通和消费各环节都在朝着智能化和柔性化方向发展,智能化和柔性化将占据社会的主导地位,企业竞争力不再主要依靠掌握自然资源的多少,而是依托于对信息、知识和技术掌握的多少及在此基础上形成先进商务模式。

2. 个性化特征

互联网出现之前,企业活动只能存在于单一的物质空间,虚拟市场的形成,使企业价值创造活动可以在两个空间中进行,并且虚拟市场表现出了比传统实体市场更多的优势特征。例如,企业经营活动可以超越时间和空间的限制,顾客从以前的产品或服务的被动接受转变为可以方便快速参与产品的设计制造,企业也可以以较低的研发成本开发出适销对路的产品。

市场空间中信息的丰富多样性及对信息理解、抓取、处理等差异,使得企业价值创造活动和经营模式都显现出明显的个性化特征。互联网以接近实时、实地的模式获取和海量传播信息;网络市场中的经济活动可以不受时间、地点的限制而进行;生产者和消费者之间沟通变得高效快捷,两者之间的界限变得越来越不清晰,双方可以直接沟通交流,相互掌握对方信息;消费者开始参与产品设计,产品和服务需求千姿百态,个性化特征明显加强。信息、网络和虚拟市场中的各种经济主体直接连接起来,减少和弱化了中间环节和步骤,这与传统市场恰恰相反,这也正是网络市场相对于传统市场能够降低运作成本、提高效率、彰显个性化的最主要原因。

3. 不确定性特征

网络市场中的不确定性是与风险、机会主义等概念存在紧密联系的，主要指的是因为缺少或者忽略与交易等要素相关的完备信息，导致对未来的未知性、不可预测性和不可控制性。虚拟市场中，交易主体具有匿名性、交易商品和交易过程的非透明性。信息网络技术为销售商和消费者提供了众多掩盖自己真实身份的手段，也造成了双方进入和退出网络市场的成本较低，壁垒较少；虚拟市场空间内，企业的规模所表现出传统的效应优势开始减弱，规模效应开始变得不明显，成本已经不再成为中小企业和大规模企业同台竞争的障碍，反而中小企业表现出更多灵活性和较强的市场应变能力，比大规模企业更能够快速和准确地把握瞬息万变的市场机会，形成具有突出竞争优势和竞争能力的商业运作模式。同时，柔性化虚拟市场中的多层次性特征使得市场空间在扩展，市场细分也变得细化和精准，一家企业难以对市场操纵和控制，从而给各类企业带来了市场机会和空间；交易商品属性的展示更多是依靠文字描述和图像展示，商品使用效果信息的获取在交易前更多是依靠老顾客的反馈和评价，非完整的产品信息和非实体的实物体验提高了消费者购买决策的复杂性。

4. 全球性特征

在信息技术和现代交通工具飞速发展的条件下，加拿大传播学家 M. 麦克卢汉 1967 年在他的《理解媒介：人的延伸》一书中首次提出"地球村"（global village）的概念。互联网基础上的电子商务的兴起又突破了市场场所的传统理解，在全球网络贸易崛起条件下，形成了"全球虚拟大市场"的概念。商品和服务的相关信息在全球范围内的准确快速传递，降低了贸易双方之间的信息不对称性，加快了全球市场的贸易速度。信息流带动商品、技术、资本等生产要素在全球范围内加快配置速度，网络贸易不再受到时间和地域的限制，正在形成一个全球范围的开放性的、多维度的贸易大市场。

互联网开放互联的特征使信息传播突破地理空间的限制，信息可以全球范围内快速、顺畅和低成本地传递，网络交易也在很大程度上避开了地理位置的障碍与限制，从而体现出了虚拟市场具有全球化这一显著特征。互联网领域内所体现出的在信息资源上存储空间的无限性可以长时间和全球范围内保存相关信息，降低了信息搜索、获取、加工和交流的时间及经济成本。相较于实体市场来讲，互联网所连接的国家和地区之间的交易和联系变得更加密切,从这个角度来看,虚拟市场的全球性特征可以理解为本质就是一个全球范围的大市场,进入互联网的主体就是进入了全球市场,应该从世界市场的视角来分析市场和配置市场资源和生产要素。

二、虚拟市场的效应

相较于传统实体市场,虚拟市场在市场结构、市场运作机制、市场主体关系等方面都发生了一系列变化,最终表现为市场运作效率的提高和运作成本的降低。虚拟市场中运作成本降低和效率提高被称为虚拟市场效应。小艾尔弗雷德·钱德勒1977年在《看得见的手——美国企业的管理使命》一书中提出,大生产和大流通催生了交通运输通信网络,反过来又成为促进其发展的环境和条件,虚拟市场对企业提高经营管理中掌控各种信息、运用信息技术和手段、扩大规模等都起到了重要作用。

1. 虚拟市场的规模效应

梅特卡夫法测所描述的网络价值可以用网络中结点数的平方进行算,连接到网络当中的用户越多,网络的价值就会越大;并且,网络价值与计算机用户数量不是正比关系,而是呈现指数增长,从而给出了虚拟市场规模性效应的一种描述。虚拟市场条件下,产品或者服务在生产和销售规模效应上与实体市场存在区别,尤其是虚拟产品和服务在边际生产成本上表现更为明显。实体产品固定成本与生产规模无关,因为一定的生产材料和劳动消耗是必要条件,而数字产品的边际生产成本会趋向于零。此外,传统市场环境中,企业关于实体产品生产批量的控制权力主要集中于企业自身,即企业对自身规模的控制显得比较容易;而虚拟产品提供商在网络环境下对企业生产规模的控制权将会大大减弱,虚拟生产商对自身生产规模的把握变得更为复杂。

网络市场弱化了企业的规模门槛,主要体现在3个方面:一是虚拟市场环境中企业资源计划(ERP)、物料资源计划(MRP)、客户关系管理(CRM)等计算机管理信息系统的采用弥补了大规模企业甚至超大规模企业在管理上的低效性,为其发展开辟了新的增长空间;二是企业规模不再成为中小企业前进门槛,计算机和互联网的普及降低了企业开辟市场空间的成本,强化了市场细分,为各类中小企业提供了市场空间;三是政府投资为企业搭建基础信息平台,为各类企业提供信息、管理等各类服务,很大程度上降低了企业基础设施投资。例如，我国地方政府都在采取积极措施，为我国跨境电子商务发展筹建了电子贸易平台并创造了便利条件，如上海形成"直邮中国"和"自贸专区"两种模式的"跨境通"，是面向消费者、电商企业及物流企业的跨境电子商务平台；河南郑州借助中部内陆物流枢纽有利地理条件开展起来的"E贸易"，目前主要业务模式为跨境B2C经营，国内消费者可以跨过所有中间环节直接获得进口商品。

2. 虚拟市场的速度效应

虚拟市场的速度效应可以从两个方面来分析。

① 快速有效地掌握大量信息资源决定着企业的价值创造能力。信息流、物流、商流伴随着商务活动发展的整个历程，商务活动各阶段所不同的就是三者在商务活动当中所处的地位和发挥的作用。信息流、物流、商流在商务活动中的演变如图2-7所示。

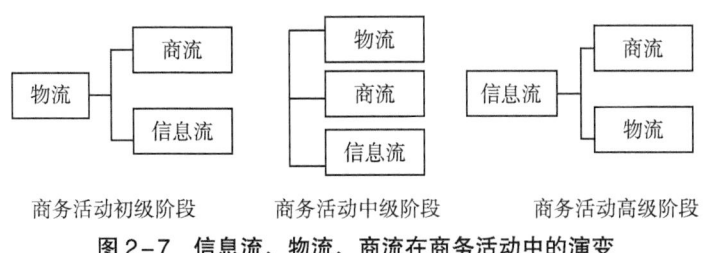

图2-7 信息流、物流、商流在商务活动中的演变

信息流是指信息的搜集、加工、传播等活动；物流是指物品从供应地到接收地所发生的流转活动；而商流则是商品所有权的转移。传统实体市场中，信息流、物流和商流三者在商务活动中的地位是对等的，所发挥的作用也不分主次。但在网络市场，"三流"的格局发生了重大变化，信息流在商务活动中明显处于主导地位，市场主体从过去专注于对物质资源掌控开始转向对信息资源的获取，企业价值创造能力的大小取决于掌握信息资源的多少和速度快慢。

② 虚拟市场环境下顺畅的信息流加快了企业决策、生产和流通速度，降低了企业运营成本。网络的普及和信息技术在企业中的使用使信息流通变得顺畅，顺畅的信息流又为商流和物流通畅提供了基础条件，以至于使虚拟市场中商务活动的速度和节奏加快，消费、需求等信息能够以最快的速度并且以互动状态反馈给企业，又加快了企业决策、生产和流通速度。例如，企业生产中的快速响应（quick response，QR），以信息快速沟通和信息资源共享为

基础，建立一个快速供应体系来实现商品流通速度的加快，大幅提高企业销售额，加快商品周转率，降低商品需求误差。

3. 虚拟市场外溢效应

生产者或者消费者在从事某项经济活动时，不仅会产生活动本身所预期的效果，而且也会给社会上其他成员带来利益，即会对生产者或消费者之外的人或社会产生影响，而活动主体并不能因此得到补偿，此时该活动主体从该项经济活动中得到的私人利益小于活动带来的社会利益，我们称这种性质的外部影响叫作"外部经济"。外部经济分为生产的外部经济和消费的外部经济。虚拟市场中的消费的外部经济表现为新的网络用户加入会使原来网络价值大大增加。根据梅特卡夫法则，网络价值会随着用户数量的增加呈现指数式递增，因此也会给原来的网络用户带来巨大收益，信息网络的社会经济效益也会日益显现出来，信息传播渠道增多而且速度加快，增加了更多的消费选择，创造出更多的社会价值等。

虚拟市场中生产的外部经济主要表现为大公司或大企业研发一项新的信息产品技术，网络环境下加快了被其他企业学习和模仿的速度，同时降低了被竞争企业搜集该项技术相关知识和技术的难度，结合竞争企业自身的研究开发，可以在相对较短的时间内生产出以该项信息产品技术为基础的更多类型的产品和服务，而这些产品和服务针对其消费者的利益都是外在的。可以看出，虚拟市场条件下，生产外部经济效应和消费外部经济效应不仅存在，而且外溢效应的产生速度也大大加快；网络条件下，新技术的扩散和普及速度提升，网络价值呈现指数递增状态。

第四节 电子商务行业竞争与电子商务企业发展战略

企业战略是指一个企业为了完成自己的使命或实现自己的目标而制定的计划或策略，因此它是一个比较宽泛的概念。企业电子商务战略的制定需要考虑行业环境、企业自身情况、未来发展方向和各种策略之间的平衡。

虚拟市场环境中，企业电子商务战略的制定必须重视考虑信息技术要素，这也是与传统市场条件下的战略制定最重要的区别。虚拟市场竞争已经成为企业之间竞争的重要组成部分，而不仅仅是传统竞争的一种补充。

一、电子商务行业竞争态势

1. 企业竞争战略

（1）集中化战略

集中化战略也称为目标集中战略或目标聚集性战略，它是指选择一个小的目标市场，主攻某一特殊的客户群，或者是某一产品线的细分区段，或者是某一区域市场，尽量在质量、速度和成本上做到最好。集中化战略具有某一特殊目标客户服务的特点，是电子商务发展的现实需要。

（2）成长战略

企业更加注重的是增加市场份额，获更多的用户、更多的流量和销售更多的产品，而不是注重企业盈利。

（3）结盟战略

结盟战略主要表现为合伙、加盟、共同承担风险、虚拟合作和商业伙伴关系建立等形式。

（4）创新战略

创新战略的主要做法有：打造已有产品和服务的特色、开发新产品和进行产品升级改造。

（5）客户或供应商锁定战略

关注企业现有的客户和供应商，提高客户服务水平和商业合作伙伴关系管理水平，提高转移成本以提高对客户和供应商的锁定能力。

（6）总成本领先战略

控制和降低研发、服务、营销、管理等方面的成本是一种战胜竞争对手的直接而有效的战略。企业积极实施电子商务战略的一大主要原因也是电子商务手段能够有效降低企业交易成本。制造业企业应该全面分析业务流程，尤其要关注流通过程，以便发现电子商务所能契合的环节，从而降低企业运营成本。

2. 电子商务对供应链的影响

（1）削弱了供应商的议价权

网络采购和在线竞价形式降低了交易双方的信息不对称性，采购商与供应商之间的沟通变得轻松和广泛，产品差异化程度降低，产品价格更加透明，供应商之间的竞争变得直接和激烈，供应商的议价权减弱。

（2）增强了采购商的议价权

采购商和供应商之间的议价权本身就是此消彼长的关系，电子商务在减弱供应商议价权的同时，也意味着增强了采购商的议价权。因为客户比价机会增多，商品价格更加透明，采购商的可选择性增加，可以在线购买，也可以拼团采购，获取商品购买消息的来源和方式变得快速和宽泛。客户的采购区域范围可以面向全球领域，获取商品专业知识的成本降低，降低了自己的转移成本，供应商对其锁定变得越来越难。

（3）降低了市场进入门槛

网络创业和网络经营成本的低廉表现为固定资产投入的减少、营销成本的降低、更容易打造品牌和更容易模仿竞争对手，所以，在虚拟市场环境下，每天都会涌现大批新的电子商务企业。

（4）产品的可替代性增加

虚拟市场环境中，新的数字产品和网络服务能够得以快速研发并进行网络传播，而且能够立即投入使用，从生产成功到投入使用几乎不存在空窗期，以至于市场原有的产品、行业都可能以一种始料不及的状态被淘汰，电子商务市场中的跨界竞争就可以充分说明这一现象。

（5）竞争激烈程度增加

电子商务加剧了市场竞争，尤其是全球范围内的市场竞争，竞争区域优势在减弱。市场参与者获得相关信息的速度加快，市场运作更加高效，但全球的竞争者都可以低门槛地加入到行业竞争当中去，对企业规模、资本等限制条件减弱，更多的中小型企业可以参与竞争，增加了现有市场的竞争的激烈程度。

3. 电商行业发展面临的挑战

企业电子商务发展战略并没有可以借鉴的成功经验道路，而是需要企业和行业充分发挥创造能力和规划能力，克服在电子商务发展过程中面临的各种局限，整合各类电子商务相关资源和优质技术，结合企业实际情况去规划一条适合自身条件的电子商务发展道路。目前企业电子商务发展过程中所面临的挑战主要分为技术性挑战和非技术性挑战。

（1）技术性挑战

技术性挑战主要包括技术标准缺乏、电子商务资源整合不充分和基础设施不足等3个方面。技术标准的缺乏和不统一主要表现在电子商务安全、信息技术服务质量和交易流程的规范性等方面；电子商务资源整合不充分主要是指新的电子商务应用和现有的应用不能很好整合，还有新的电子商务软件和现有的数据库整合存在较大困难；基础设施不足的典型现象就是数字鸿沟。中国学者胡鞍钢指出，数字鸿沟的本质就是新兴的信息通信技术在普及和应用方面所存在的不平衡现象，这种不平衡主要表现在不同的区域之间和不同人类发展水平、不同经济发展水平的国家之间，也体现在同一国家内的不同地区、不同人群之间。具体来讲，一个国家的数字鸿沟主要表现在地域条件、受教育条件、年龄条件和性别条件等方面。我国的数字鸿沟宏观上可以概括为：我国与世界发达国家和地区的差距；我国东部与西部地区的差距；我国城市与乡村的差距；不同文化水平之间的差距。

（2）非技术性挑战

非技术性挑战主要包括电子商务信用环境不佳、电商管理水平不高、电子商务应用能力测量指标体系不完善和电子商务法律法规不健全等方面。买卖双方之间还不能够充分信任，仍需要中间平台进行担保，网络企业还需要进一步提高信用水平；国家内部，尤其是不同国家和政府之间缺乏统一交易规则和行业标准。电子商务是一个前所未有的事务，关于电子商务交易的法律、法规，尤其是跨境电子商务交易规范还正在建立和完善过程当中。

随着信息技术的不断进步，电子商务发展过程中所面临的技术性挑战正在逐步得到克服和解决；而电子商务发展所遇到的非技术问题的妥善解决还需要一个探索过程，并不是靠某一项技术突破或者是简单的货币投入就能够完成的。

二、电子商务企业的竞争策略

企业在网络市场环境中通过分析自身优势和劣势，拓展发展空间，把握发展机遇，规避潜在风险，制定正确的电子商务发展战略。

1. 多渠道战略

多渠道战略是指企业向消费者提供多种渠道，又被称为"全渠道战略"，是一种最常见的电子商务战略。企业经营过程中，需要对多个渠道进行整合以避免渠道冲突。在非完全的电子商务实践中，最为普遍和最常见的渠道冲突就是线上和线下业务之间的冲突，如何将有限的资源进行线上和线下合理分配，是一件很困难的事情。特别是以商品销售为主要业务的电商企业，线上和线下业务是完全对立的竞争对手。这就需要高层管理者对线上和线下业务进行合理平衡，需要企业具备灵活的应变能力和协调能力，能够对两个渠道中商品流通进行有效整合。

2. 价格制定策略

（1）传统市场定价策略

传统市场中，价格制定策略主要有3种：第一种是成本导向定价法（cost-oriented pricing），指的是产品价格由产品的总成本加上一定利润构成，总成本包含了产品制造和流通过程中的原材料、人工、物流、管理等各种费用；第二种是竞争导向定价法（competition-oriented pricing），指的是参照市场竞争者对相似产品的定价而确定价格；第三种是需求导向定价法（demand-oriented pricing），指的是基于产品或服务的价值，从商品需求者的角度出发来制定价格。

成本导向定价方法简单明了，保持合理的利润水平，也可以根据产品的销售淡季和旺季适当下调和上调利润水平，具有一定灵活性。但是，这种定价方式主要从货主企业自身获得的利润和投资回报出发，缺乏市场应对能力和竞争力。

竞争导向定价法优势是所制定的价格更容易争取到客户，但是对竞争对手的定价具有较强的针对性，容易引发价格战，故意压低和抬高价格都不利于市场健康发展，不利于保障企业的长远利益和健康发展。

需求导向定价法可以根据顾客需求状况进行调整，而且接近于行业平均价格，容易被客户接受，但由于企业对市场行情的了解可能存在一定的滞后性和偏差，所以需求导向定价也可能会使企业失去一部分客户和损失一定的利润。

（2）网络市场定价策略

由于网络市场和传统市场具有不同的特性，因此，电子商务模式中对商品和服务的定价策略与传统市场也会不同，主要表现为以下几个方面：

① 买方自主定价策略。买方自主定价是对传统卖方定价模式的一种挑战，它是基于一种逆向拍卖模式（逆向拍卖是指有一个买方要求，许多供应商竞争填写订单，价低者获胜的一个投标系统），定价的主动权掌握在买方手中。卖方对于买方提出的价格可以接受，也可以拒绝，要约价格被接受

后，则买方可以得到一个较低的供货价，如果卖家拒绝，买方则鼓励卖家报出最合理的价格。

② 低价补贴策略。低价补贴在网络产品销售领域是一种常见的市场策略，电子商务企业通过补贴来大幅度降低产品价格以吸引用户，增加市场份额，并在后期通过规模效应实现盈利。商务部研究院电商所副研究员洪勇指出，补贴模式在短期内可能会带来一定的收益，可以降低消费者使用互联网产品或服务的门槛，在一定程度上提高互联网用户的普及率，促进网络零售行业的发展；但补贴政策并不可长期持续，它会导致其他电商企业的效仿，进而导致整个行业展开价格战，长期价格战又会削弱整个行业的盈利能力。这种策略和传统的"成本＋利润"的定价方法完全不同，但和"渗透定价策略"（企业在没有利润的情况下，为其所销售的产品或服务进行定价，其基本思路就是以低于单位总成本的价格进行产品销售，目的只为提高销售数量）基本类似。这里需要注意的是，价格并不是决定产品销量的唯一因素，企业的品牌、产品质量、客户服务和购物便利性都会对销售产生重要影响。

③ 价格比较容易实现。传统市场当中，产品的销售者和购买者之间对商品信息量的掌握往往是不对称的，卖方会掌握更多的市场信息，所以对商品价格的确定占有明显的主动权。而网络市场为买卖双方提供了几乎一样多的市场信息量，买方更容易实现价格比较，消费者或用户可以通过网络搜索、比价网站、信息中介、情报代理等快速方便地找到价格更低的商品。

④ 价格分割容易产生。网上销售企业能够较容易地获取客户的相关信息，如客户的浏览记录、购买记录及存储在客户计算机内的"cookies文件"，这些信息被企业掌握后便可以对客户进行需求差异分析，针对不同的客户进行差异化定价，这也被称为价格歧视。

3.并购、合作、合资战略

与早期电子商务行业起步阶段相比，现在许多电子商务企业都在从事跨行业经营，产品或服务多元化经营，并且拥有多个线上业务部门和多家网站等，而不再局限于仅仅拥有一种产品、一家网站的单一化经营模式。与此同时，电子商务企业还在不断通过并购、合作、合资等多种方式进行业务范围的扩大。对于电子商务行业来讲，关于企业并购、合作、合资的案例不胜枚举，并购、合作、合资也成为互联网企业最常见的发展战略之一，也是企业业务结构调整和业务模式转型升级的重要举措。互联网企业之间的并购、合作、合资也不仅仅局限于同一行业或同一地域，跨行业和跨地区企业并购也时有发生。

互联网行业中的并购、合资、合作行为在所有行业当中表现最为活跃，首先，跟互联网的行业特性密切相关。互联网企业所不懈追求的是大数据催生的用户和流量等价值，相较于实体企业，互联网企业所采取的是轻资产运营模式，所以更注重对所合作目标企业的技术、人才和专利的需求；其次，因为互联网市场当中存在更加明显的马太效应，互联网领域的巨头企业（如阿里巴巴、京东、腾讯、百度、美团等大型公司）往往更倾向于并购具有优质资源的公司，以此来提高自身的整体实力，这相较于自我开发、建设这一优势资源（包括专利、技术、人才团队等）所付出的成本而言更为划算，互联网巨头企业具有低成本完善自身资源结构的资本实力和驱动力；再次，提高市场份额是互联网企业实施并购、合作、合资策略的又一动因，网络企业价值高低的评估与其所拥有的用户数量密不可分，网络企业的用户数量规模直接决定其行业地位，巨大的用户群体不仅能够使电商企业实现短期利益目标，而且也是其长期生存和发展的基础。

三、跨境电子商务战略

在企业成长和发展历程中，一个全球化的电子商务市场是具有巨大吸引力的。全球化意味着企业可以获得更大的市场、更多的商业机会、更多的经营资源（包括人力、土地、行业政策和赋税优惠等）、更强的资源整合能力，还有更大的灵活性。但是，全球化经营也会遇到各种意想不到的困难和问题，例如，文化、政治、法律、管理、经济制度等问题都可能成为跨境电子商务发展过程中的障碍，跨境电子商务战略实施是一个复杂的决策问题。

1. 企业实施跨境电子商务战略的原因

电子商务最为突出的一个优点就是可以以合理的成本、不受时间和空间条件限制开展业务，这也是企业实施跨境电子商务的最大动因。企业可以面向全球巨大市场展开销售，寻求新的市场机会，在更广的范围内获得新资源、获得低成本资源和更加充裕的资源。同时，本国政府也会出台优惠政策鼓励企业开展跨国业务。此外，消费者和用户也希望能够获得更多的选择，希望能够在全球范围内购买质优价廉的产品和服务。

2. 企业实施跨境电子商务战略的障碍

跨境电子商务能够给企业带来更多的发展机遇，赢得更多的市场资源，同时，企业在实施跨境电子商务战略的过程中也会遇到诸多障碍。不同国家和地区的政治制度、经济发展程度、消费理念和消费习惯、不同语言文字和不同的文化背景等因素，都可能为企业跨境电子商务业务的开展带来影响。

（1）经济问题

涉及跨境电子商务的经济和金融问题主要包括政府的税费征收、纳税方式、跨境支付和不同国家的定价问题等。

① 税收问题。尽管政府一直在参照传统贸易的做法对跨境电子商务进行管理和征缴税费，也取得了一定程度上的成功，但是，跨境电子商务税收却是一个十分复杂和麻烦的问题。比如，对于网络上销售信息产品、数字产品和计算机软件等，买家可以直接通过网络进行付费下载，根本不存在实体的物流和通关过程，税收和相关管理部门并不能发现并对其形成很好的监管。

② 电子支付问题。跨境电子商务过程面临的金融障碍就是电子支付系统。企业为了便于顾客支付以取得相对较好的在线销售业绩，往往需要接受多种付款方式，因为不同国家和地区的人们对支付方式的偏好都不同。例如，瑞典消费者喜欢用借记卡在线支付，而美国消费者喜欢使用信用卡。

③ 定价问题。考虑到不同国家或地区的经济发展水平、消费习惯、本土产品的价格和竞争等因素，跨境销售企业就希望针对不同国家和地区制定不同的价格，这就需要针对不同国家建设多个销售网站或者显示不同的销售界面，而且还需要特别注明采用什么货币定价和进行支付。

（2）法律问题

跨境电子商务中争议最大的问题就是法律问题。一些国际性的贸易组织，如世界贸易组织（WTO）、亚太经合组织（APEC）等都设立了工作组，制定了关于价格管制、关税、出口限制、税收、商品检验等方面的规定，试图削减跨境电子商务的壁垒。《联合国国际贸易法委会电子商务示范法》是一部致力于解决不同国家和地区电子商务法律差异问题的法律，主要目标就是希望能够消除跨境电子商务发展的制度障碍，构建一个公平、现代、协调、安全的贸易环境，能够向各国法律组织提供一整套可接受的国际准则。

我国关于跨境电子商务的法律主要是2009年颁布、2010年实施的《中华人民共和国对外贸易法》，在2014年调整为《中华人民共和国电子商务法》。《中华人民共和国对外贸易法》主要适用于货物贸易，而《中华人民共和国电子商务法》主要适用于服务贸易和技术贸易。此外，我国还出台了一些关于跨境电子商务的相关规定，如《个人贸易外汇管理办法》《对外贸易经营者备案登记和许可制》《对外贸易经营者备案登记管理办法》《对外贸易经营者备案管理办法》等。

（3）文化差异

全球市场是一个由多元文化背景的消费者所组成的多元化市场，跨境电子商务企业则需要关注不同国家和地区所具有的这种文化差异性。文化主要包括物质文化和精神文化。物质文化主要包括饮食、衣着、住宅、生产工具等内容；精神文化主要包括语言、文字、文学、科学、艺术、哲学、宗教、风俗、节日和传统等内容。跨境电子商务活动过程中，我们所关注的文化差异重点是精神文化领域的内容，主要表现为拼读写的差异、信息格式的差异、标志和符号的特殊意义、度量衡标准的差异等方面。很多企业在实施跨境电子商务策略中的做法往往是针对具有不同文化的国家和地区建立不同的电商网站，以便提升目标市场消费者的跨境购物体验。

3. 企业实施跨境电子商务战略的举措

（1）本土化策略

网站建设使用目标市场国家或地区的语言，针对不同的国家提供不同的网站；企业的产品和服务根据不同的销售地而使用不同的名字、颜色、型号和包装等；按照销售地国家的货币给产品或服务进行定价，按照当地的法律和文化习俗来达成交易条件和完成交易。需要注意的是，网站本土化建设中也应该支持信息系统的设计和管理，以便能够最大化获得全球信息系统所带来的好处。

（2）货币兑换与支付

企业网站支持所有的货币定价和支付是不可能的，因此，为了能够便于交易顺利进行和提高客户便利性，我们可以为客户提供货币兑换的链接服务，在与企业客户交易的情况下，则需要把跨境电子商务交易系统和买家企业的财务、会计方面的国际信息系统进行连接。

(3) 语言翻译

目前，全球使用的语言有将近7000种，其中80多种语言覆盖了全球80%的人口。所以，仅仅使用一种语言的跨境电子商务网站会严重限制客户数量和业务开展。语言翻译的主要问题是速度和成本，因此，在跨境电子商务经营过程中，语言翻译成为建立和维护一个高效率网站的重要因素，企业可以通过安装多语言插件、多语言用户配置文件和语言翻译器等方式来解决这一问题。同时也应该注意，企业不能过分依赖翻译软件，对于网站中关于产品介绍、质量保证等重要内容尽量使用人工翻译，一个细小的错误或是一个不恰当的用词都可能为交易带来巨大麻烦。

(4) 明晰法律规则

充分了解客户所在国家的法律法规，了解公司所在国家或地区的合同和纠纷的司法情况。在网站上详细说明产品的定价政策和相关的隐私保护政策，明确阐述货品装运规定、联系方式、操作流程等问题。

四、中小企业电子商务战略

电子商务市场为中小企业提供了巨大的竞争空间，电子商务战略成为中小企业最有效的商业策略。因为互联网市场对进入者在规模大小上几乎没有任何限制，这也是互联网"开放互联"的本质特性所决定的，电子商务帮助中小企业能够低成本、高效率地寻找客户、供应商，实现价格比较、业务谈判和完成交易。实施电子商务成为中小企业战略的一个重要组成部分。

1. 中小企业实施电子商务的优势

(1) 网络店面

在网上建立和经营一家店面要比线下成本低很多，实体店需要付出高昂的店面租金和装修费用，而且网店所覆盖的顾客数量又比线下多。

(2) 信息搜索

互联网和电商平台为中小企业提供了便捷的信息搜索工具和渠道，网络搜索使信息的获取变得容易而且费用低廉，此外，专门的网络平台也能够为中小企业提供丰富的行业相关数据和政策信息。

（3）网络营销

互联网广告、即时通信、聊天平台和评论区等都为中小企业提供了低成本甚至零成本的顾客互动和产品服务营销宣传方式。

（4）品牌宣传

中小企业通过实施电子商务，很容易建立企业形象和推进品牌宣传，提升公众认知度；网络市场降低了中小企业进入门槛，参与市场竞争变得更容易，也更容易和大企业形成竞争。

（5）全球市场

网络市场是一个全球化市场，中小企业通过电子商务可以将自己的产品和服务推向世界，可以接触到全球消费者，使用低成本的网络工具进行国际营销、全球销售和在线客户服务。

2. 中小企业实施电子商务的困难

（1）建站资金

建设一个功能强大的电子商务交易网站需要一定的资金投入，包括后续网站维护、升级等仍然需要一部分现金流支持，对于实力较弱的中小企业来讲，可能会缺乏相应的资金支持。对于这一问题，中小企业可以通过入驻第三方平台来开展自己的业务，进行产品和服务的销售，这为中小企业节省了一大笔建站费用。目前，我们国家的淘宝、京东等电商平台都能够为中小企业提供较好的服务。

（2）专业人才

多数中小企业在电子商务的技术人才、法律法规人才、网络营销人才等方面都是缺乏的，由于种种困难（如待遇、环境、发展空间等问题）也很难聘用到这样的人员，这对中小企业电子商务战略实施是有一定限制的。

（3）风险抵御能力

如果在实施电子商务战略过程中遇到一些意外情况，如销售局面打不开、不可控的市场风险等问题，中小企业很难像大企业那样储备足够的资源和资金抵御风险来度过低迷时期。

（4）产品品种

中小企业产品往往存在单一化特征而不是多元化产品生产，这样可能会遇到当一种产品不太适合或者难以在网络中进行销售时，中小企业就会面临转换壁垒，企业的网络经营就难以进行。

各国政府都出台了相关政策和办法,建立了可供中小企业选择的求助路径,积极推进中小企业参与电子商务并提高网络竞争意识;政府也通过设立相关代理机构为中小企业提供电子商务战略管理技术,推动其在出现新技术的商业环境中主动进行变革和发展。此外,数量巨大的中小企业进行网络经营也给供货商提供了机会,促使供应商建立各种服务中心,从而为中小企业提供各种信息服务和支持服务。

3. 中小企业与跨境电子商务

网络销售增加了中小企业的国内市场份额,跨境电子商务还为中小企业开辟了广阔的海外市场。无论是进行全球网络采购还是把产品和服务销售到国际市场,实施跨境电子商务的中小企业数量正在不断增长。随着政策不断加大支持力度和供应链的不断完善,中小企业已成为拉动跨境贸易高质量增长的内生动力。在外贸领域,我国进出口总额60%左右由中小企业完成。我国跨境电子商务所覆盖的范围在不断增大,特别是在"一带一路"倡议实施之后,中小企业跨境电子商务的发展呈现出了巨大空间。

4. 中小企业与社交电子商务

(1)社交电子商务的概念

社交电子商务是电子商务的一个分支,它是电子商务、电子营销、支持技术和社交媒体的融合。这个融合是基于社会资本、社会心理、消费者行为及在线协作等理论,这些理论促成了社交商务的一些使用程序的产生。经济全球化趋势下更加需要员工、商业伙伴和客户之间的分工与协作,社交商务的产生和发展也适应了这一发展要求。在社交媒体平台,应用营销传播等手段开展营销活动,有利于中小企业打造品牌、扩大品牌影响力和持久性、建立长久及稳定的客户关系等。

(2)社交电子商务给中小企业带来利益

越来越多的中小企业开始在企业内部使用社交媒体开展商务活动,如形成企业经营过程中的创意和创新、解决相关问题、方案的设计与修改等。更多的中小企业通过社交网络搜寻、开发并维系客户。中小企业通过开展社交电子商务可以获得以下诸多利益。

① 增加销售。社交电子商务可以提高企业网站的浏览量,能够为企业带来更多商品和服务的销售机会,提高企业销售收入。

② 企业创新。社交工具和社交平台更容易充分发挥商品用户、企业全体员工及合作伙伴的集体智慧，搜集各种意见和建议，实现营销沟通方案、产品设计和服务形式的创意和创新，为企业带来更多的市场竞争机会。

③ 企业内部关系。有助于培养更好的企业内部关系，社交工具加强了企业内部员工的沟通和联系，提高员工的满意度和工作效率。

④ 企业外部关系。有助于培养更好的企业外部关系，应用社交软件可以加强商业合作伙伴之间的协作，完善沟通，比如，高效率的沟通改善了企业与供应商和分销渠道成员之间的关系。

⑤ 市场调研。社交商务能够使企业以较低的成本、较短的时间、更全面的受众覆盖完成市场调研，获得丰富的市场研究数据和客户意见。

⑥ 客户服务。通过便利的客户沟通，更容易关注到客户所发布的相关信息，可以充分了解顾客服务需求，增强客户服务能力和客户支持能力。

⑦ 营销宣传。企业利用社交营销技术增加产品、服务和企业形象的宣传效果，并且可以获得客户免费的口口相传的营销宣传，例如，现在越来越多的消费者喜欢发朋友圈来表述自己使用某种产品或获得某种服务的感受和体验。

社交电子商务能够为中小制造业企业带来很多的潜在利益，如潜在客户数量增多、潜在的商业机会增加等，而这些潜在的利益在一定时机和条件下就会转化为企业的经营效率提高和战略优势加强。

（3）中小企业开展社交商务的风险

尽管社交商务为中小企业发展带来了诸多利益，但在社交电子商务的具体实施过程中，也给企业带来诸多风险和挑战。社交媒体具有不可控性风险，社交媒体的交流平台具有开放性和快速传播特征，中小企业有可能面临难以控制品牌形象和企业声誉的风险，社交网站上关于产品和服务的评论可能影响企业产品的销量。此外，还有安全问题、隐私保护问题、网络欺诈问题、法律问题、用户所创建和发布内容的质量问题等。

第五节　本章小结

本章通过分析市场虚拟化演变的基本动力、市场虚拟化演变的机理、虚拟市场的特征和虚拟市场中电子商务企业的发展、竞争战略，可以得出以下结论：

第一，市场虚拟化演变的基本动力主要包括产品虚拟化演进、货币虚拟化演进、交易流程虚拟化演进和市场主体行为的改变等4个方面。其中，产品的虚拟化演进经历了实体产品、信息产品、数字产品到网络信息服务产品的过程。而网络信息服务产品是传统实体市场不曾具有的新产品，该类产品的出现必须以网络的出现和普及为前提，是以数字形式存在的更为高级的虚拟商品。

第二，市场虚拟化演变的机理可以从交易时空、交易对象、交易效率和交易手段4个角度来分析。基于网络所形成的交易时间是全时段不间断的，其空间范围也是可以无限扩展的，为市场带来了全新的竞争。交易对象实现信息化、数字化和虚拟化正在变得越来越广泛和深入。产品的数字化过程主要表现两个方面：一是将产品当中包含的信息进行复制；二是将产品的相关属性信息进行加工演绎。效益效率的高低主要体现在交易效益和交易成本两个方面，与交易效益正相关，而与交易成本负相关，信息技术通过对分工和专业化产生深刻影响进而显著提升交易效益和降低交易成本，这种变化也改变了传统市场的交易规则和市场结构。网络营销、电子合同、数字化支付等交易新手段几乎颠覆传统的交易模式，能够促使企业快速适应市场，做出最优决策。

第三，虚拟市场表现出了与传统市场截然不同的特征和效应。虚拟市场的特征主要有柔性化特征、个性化特征、不确定性特征和全球性特征；虚拟市场效应主要表现为规模效应、速度效应和外溢效应。

第四，当前企业实施跨境电子商务的主要障碍表现为经济问题、法律问题和文化差异3个方面。经济问题主要涉及政府的税费征收、纳税方式、跨境支付和不同国家的定价问题等，尽管相关政府一直在针对跨境电子商务税收进行管理，但是成效却有限；目前，跨境电子商务中争议最大的问题就是法律问题，一些国际性贸易组织正在努力通过价格管制、商品检验、出口限制等方面规定来消除跨境电子商务壁垒；不同国家和地区在文化方面具有较大差异，跨境电子商务面临的是一个有多元文化背景的消费者所组成的复杂市场。

第三章 跨境电子商务与制造业融合驱动因素分析

跨境电子商务的高速增长及其对外贸发展趋势的引领,外加国家相关政策扶持,驱使大量传统制造业企业开始涉足跨境电子商务领域。开展跨境电子商务的传统制造业企业大致可以分为3种类型:第一类是从事传统外贸B2B的制造企业;第二类是OEM(代工)和ODM(贴牌)企业;第三类是没有传统外贸经验而直接开展跨境电子商务的制造业企业。前两类企业都具有比较丰富的外贸经验和相对成熟的外贸市场,对产品出口标准、目标市场等方面比较了解,这两类企业所面对的主要问题是如何顺利地从传统外贸方式向跨境电商方式进行过渡;而对于第三类企业来讲,则是一个全新的挑战,需要面对和解决的问题较多。传统外贸客户购买往往具有金额大、周期长和批量大等特征,而在互联网时代,信息流动的加速和易取性使客户购买行为具有金额小、多频率、小批量等相反特征,跨境电子商务则正是顺应这一趋势发展和成长起来的,制造业涉足电子商务是大势所趋。我国制造业企业具有比较强大的产品研发能力和产品低价格竞争力,这为制造业开展跨境电子商务提供了坚实基础。

第一节 跨境电子商务降低制造业企业生产成本

生产成本是制造业企业为生产产品或提供劳务而发生的各项费用,包括各项直接支出和制造费用。直接支出包括直接材料(原材料、辅助材料、备品备件、燃料及动力等)、直接工资(生产人员的工资、补贴)、其他直接支出(如福利费);制造费用是指企业内的分厂、车间为组织和管理生产所发生的各项费用，包括分厂、车间管理人员工资、折旧费及其他制造费用（办公费、差旅费、劳保费等）。

一、跨境电子商务降低制造业企业生产成本的原因

跨境电子商务对于制造业企业降低生产成本具有巨大的贡献，主要原因包括以下几个方面。

1. 制造业企业的全球化采购战略

制造业企业实施跨境电子商务战略可以实现原材料、零部件等采购的全球化，充分利用全球资源，在全世界范围内寻找供应商，寻找质量好、价格合理的产品。不同国家的地理位置、自然资源、经济发展等条件存在差异，因此，通过全球化采购可以将不同国家优势资源进行充分组合，从而大大提高制造业企业的经济利益。

在经济发展低迷时期，降低成本成为制造业企业的首要任务，全球采购这一趋势更为明显。在签订国际商品交易合同时，应该考虑到汇率变动这一因素。因为从贸易合同签订、合同履行到货款支付可能会有一定的时间间隔，而在这期间汇率是在发生变化的，因此，我们应该把汇率变动趋势与选择何种货币进行支付联系起来，以便利用汇率变动进一步降低物品的采购成本。

跨境电子商务能够使制造业企业采购过程更加透明和规范，企业在全球范围内采购时必须按照采购电子系统规定的程序进行，减少了人为干预所带来的主观随意性，使采购变得更加程序化和公开化，采购过程中的单证、票据等可以实现快速流动，采购决策也会更加科学准确。

全球化采购，对于国际大公司来说虽然已经具有多年经验，并非新鲜事物，但在全球网络市场形成和跨境电子商务蓬勃发展的今天，对于数量巨大的中小制造业企业表现出了相当大的吸引力，中小制造业企业利用跨境电子商务实现网络采购变得简单而且方便。跨境电子商务为企业提供了一个永不歇业的采购环境，中间环节的缩减可以简化采购流程，同时显著降低采购费用。

网络采购的周期缩短和采购的便利性，可以帮助企业减低库存水平，从而也降低了库存成本。跨境电子商务模式下的采购是订单驱动式采购，用户的需求订单驱动制造业企业的生产订单，生产订单驱动采购订单，采购订单

再驱动供货商安排供货，跨境电子商务促进了产品用户、制造商、原材料供应商这一个供应链上各环节之间的沟通交流，有助于推进准时制的订单化生产模式，形成交易主体之间的战略性合作伙伴关系。跨境电子商务显著促进制造业企业采购战略创新，降低了制造业企业原材料、零部件在采购、仓储等方面的成本，成为生产成本控制的重要内容。

2. 制造业企业超越时空局限的人才战略

企业人才是一种战略资源，制造业企业应该高度重视对人才的培养、吸引和使用。我国是世界上最大的发展中国家，人口多，底子薄，人才资源相对不足，需要持续吸引掌握先进制造技术和具备国际管理经验的人才为我所用，为中国制造业转型升级和高质量发展提供技术支持和人才保障。

经济全球化需要中国的制造业企业和研发部门把人才方面的竞争放眼到国际视角，把人才库扩大到世界范围。当前，我国很多大型跨国公司都在海外设有分公司或子公司，为了吸引人才、降低人才使用成本，可以考虑在海外建立研发中心，把技术人员放到海外机构进行研究和工作。我们国家的华为公司、阿里巴巴集团等很多先进的现代化企业也开始在人才竞争方面持"不求所有，但求所用"的观念，可见，"人才的环流和循环"已经成为中国企业参与全球化发展一个新的趋势。

全球经济一体化实际上是经济发展突破各种界限和限制的过程，完全依靠各种计划吸引一部分技术和管理人才到企业内部的做法，其实就是相当于重新为人才设置了界限。针对一些特殊专业和技术方面人才，可以保持此种做法和策略，但更为关键和符合经济发展趋势的做法是创造良好的人才发展环境，取消不必要的人才流动限制条件，形成一个来去自由、不存在羁绊、各方面相对便利的人才进出机制，才能真正发挥人才在企业发展中的作用。

跨境电子商务条件下，企业人才战略需要面临一个转折点，随着中国经济的不断发展，制造业企业开始跨出国门，走向世界，企业人才招揽既要做到能够引进来，又要能够引出去。引进来就是能够吸纳相关人才到国内企业中来；引出去是把人才吸引到国外去，到所有可能跟中国经济发展相关的企业和部门中去工作。

虚拟经济环境中的企业边界开始变得模糊，公司对人才的约束性日趋弱化，人才对经济发展的贡献也显示出了跨行业边界、跨企业边界，甚至是跨国界的跨界性特征，企业可以建立一个平台、一个人才生态系统，充分利用与企业业务发展相关的各类、各地区人才。中东欧"一带一路"沿线国家的民众对汉语的学习表现出了很高的热情，我国政府制定相关政策鼓励汉语在海外传播，这对中国制造业企业建立跨国界的人才生态系统，吸引国内外人才到相关部门中工作会形成推动作用。

制造业企业实施跨越时空限制的人才战略，顺应了势不可挡的经济全球化潮流，最大程度降低了企业人才方面的投入成本，是一种关系到科学技术发展和制造业产业结构优化升级的竞争战略，而这也是制造业企业开展跨境电子商务的优势所在，进一步推动我国经济高质量发展。

3.技术和资本在互联网条件下的机动性和广阔性

互联网经济时代呈现两个突出现象：一是关于技术的不断创新，尤其是人工智能、高科技芯片等不断进步；另一个就是资本在快速地流向高新技术领域。新技术的应用一直是生产力发展的核心，技术的进步与创新极大地提高了劳动生产率，正在快速地推进产业结构变化与社会经济发展。

企业通过即时通信、物联网、传感技术等可以收集大量业务数据，并实现对这些数据的详细度量、弹性计算、云存储，加之与强大的数据分析相结合，企业进而实现对业务流程的各环节进行实时优化。

这些新技术的发展和应用增加了企业收入，降低了企业的经营和管理成本，为资本的经营实现利润最大化。当前，网络经济、数字经济逐渐成为世界经济发展的主流，数字经济对国民经济发展的贡献率越来越高，所以，以网络企业为代表的一线资本走在了市场层面的最前列。

制造业企业的生产经营面临众多紧迫环节，需要思考如何利用技术更好地为企业高效运作服务。无论是传统的生产制造企业还是新兴的网络企业，技术进步都会为整个产业链带来重要影响。一个企业不但要从管理方式上不断创新，更要从技术研究、产品研发上不断创新，这样才能不断增强企业市场竞争力，才能不断引来资本注入。

目前，我国的经济已由高速增长阶段转向高质量发展阶段，在新的经济发展形势下，企业以市场化为导向进行技术和资本投入成为必然要求。从国内外行业发展的经验和趋势来看，新技术应用所带来的产业革新变化是巨大的，如果企业不能够紧跟产业发展脚步，就可能在市场竞争的浪潮中被淘汰。制造业企业要提升高质量发展的驱动力，就应该主动进行技术投入，主动适应技术变革带来的变革，主动进行产业结构调整和升级，并在企业管理制度、机制设计和文化环境方面与之相匹配，提高企业自身的创新力和竞争力。

"科学技术是第一生产力"，在传统实体经济如此，在实体经济和网络经济融合发展的现阶段依然正确，重大技术进步必然引发产业革命和社会变革。资本投入到技术应用领域，就会有新发明、新产品甚至新行业的诞生，促进社会进步和人类生活水平的提高。高新技术领域已经成为资本、高层次人才的聚集地，人才、技术和资本三者之间的相辅相成关系在数字经济时代更为突出。

二、跨境电子商务降低企业生产成本的经济学解释

1. 等产量曲线

可以用经济学中的等产量曲线的变动来解释跨境电子商务促进制造业企业生产成本降低这一现象。等产量曲线是在技术水平不变的条件下生产一种商品，在一定产量下的两种生产要素投入量的各种不同组合的轨迹，在这条曲线上的各点代表投入要素的各种组合比例，其中的每一种组合比例所能生产的产量都是相等的。等产量曲线一般具有凸向原点的特征，这一规律是由边际技术替代率递减规律所决定的。在坐标平面上可以有无数条等产量曲线，每一条等产量曲线都代表一个产量水平，等产量曲线与原点之间的距离表示产量水平的高低，距离原点越远表示产量水平越高，反之则越低。

2. 跨境电子商务与制造业企业的等产量曲线

制造业企业实施跨境电子商务战略，会使生产经营效率得到提高。可以利用等产量曲线这一分析工具来解释跨境电子商务在制造业企业长期生产中所产生的作用。我们知道，构成等产量曲线的前提是技术水平不变，但如果技术进步了，制造业企业实施了电子商务这一先进生产经营模式，三维空间图中原有的产量曲面的高度就会整体提升，相应地，反映在二维平面图中原有的等产量曲线簇的位置就会整体向原点移动。

图 3-1 是体现跨境电子商务实施的制造业企业等产量曲线变化的简化图。起初，等产量曲线 $Q1=Q$ 表示生产 Q 单位产量的所有资本要素和劳动力要素的投入组合。由于实施了跨境电子商务，原有的等产量曲线 $Q1=Q$ 移动到新的等产量曲线 $Q2=Q$ 的位置。新的等产量曲线 $Q2=Q$ 表示可以用更少的要素投入来生产相同数量水平的产品。

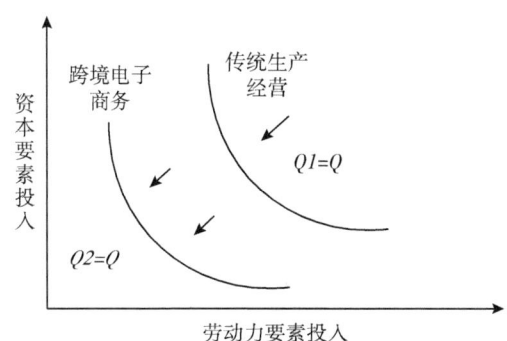

图 3-1 跨境电子商务显著降低制造业生产成本

第二节 跨境电子商务降低制造业贸易成本

一、电子商务对外贸的作用机制分析

电子商务的发展，对进出口贸易产生了一系列的影响，从贸易市场、贸易主体、贸易产品、贸易方式、贸易成本到贸易政策和贸易风险，都发生了相当大的变化。电子商务在促进进出口贸易发展的同时，也增加了一定的贸易风险，并向已有的贸易政策提出了新的挑战。电子商务对外贸的作用机制如图 3-2 所示。

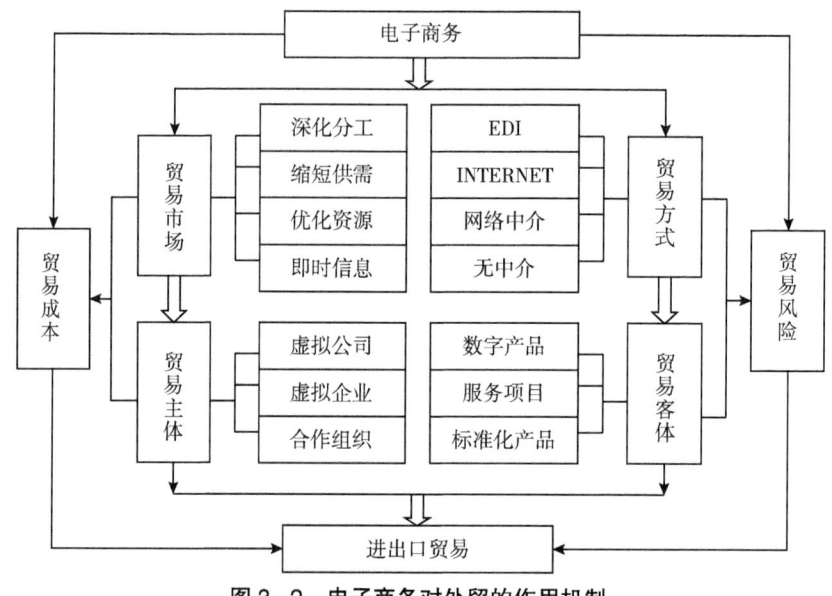

图 3-2　电子商务对外贸的作用机制

1. 形成全球性的电子商务市场

（1）电子商务改变传统贸易市场格局

电子商务的发展，深深影响了进出口贸易的传统市场。电子商务深化了国际分工，缩短生产者和消费者之间的距离，优化全球资源配置；需求者可以掌握更多商品相关信息，具备更广阔的选择空间；突破时空限制，打破区域政策限制，遵循全球贸易法则，有利于形成全球统一市场。跨境电子商务使国际市场营销发生了重大变化，市场营销的最典型改变就是由传统的大众营销和细分营销转变为一对一营销和定制化营销。客户不再是商品的被动接受者，而是积极主动地参与到了商品设计和生产制造过程中，经营者营销过程应该积极与客户沟通，吸纳客户成为企业的合作伙伴；商品定价模式同样发生改变，客户对商品价格影响加大，企业应该更多地采用网络议价、网络拍卖和基于价值的定价策略；物流配送逐渐转向以在线配送和第三方物流配送为主；营销平台和营销媒介更加多元化，更注重利用社交媒体平台开展市场调研、促销、客户关系管理和客户服务等活动。

（2）国际电子商务市场形成

信息流动带来的资金、技术等生产要素在全球的加速流动，突破了传统市场以一定的地域存在为前提条件，促进了全球化市场的形成。经济全球化使全球形成了一个统一的世界市场，互联网技术的兴起和广泛应用又促使世界市场向两个方向演化，形成两个不同市场：实体产品（服务）市场和虚拟产品（服务）市场，简称实体市场和虚拟市场。国际电子商务市场形成过程如图3-3所示。

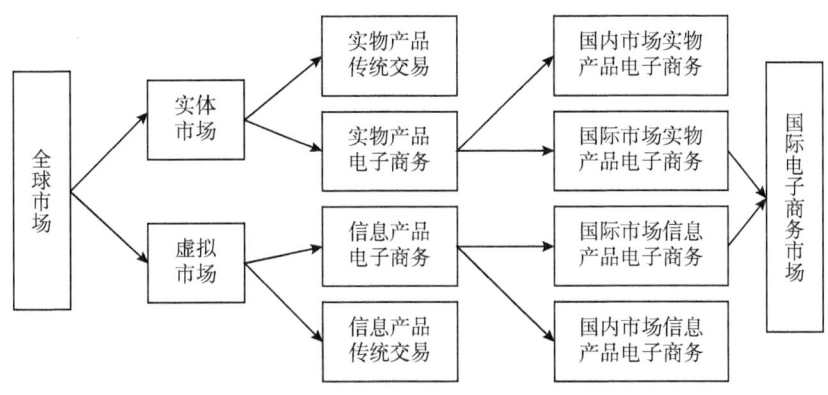

图3-3　国际电子商务市场形成

虚拟市场完全采用电子商务手段进行交易；而实体市场一部分仍然在使用传统交易手段，另一部分则开始使用电子商务交易手段。

从另外一个角度，我们可以将市场分为国内和国际两个市场，与上述分类进行交叉，可以得到国内使用电子商务手段交易的实体产品（服务）和软体产品（服务）与国际市场使用电子商务手段交易的实体产品（服务）和软体产品（服务）的两个区域，这就是国际电子商务市场的两个主要部分。

在这种网络贸易的环境下，各国间的经贸联系和合作大大加强，网上订货、网上促销、网上谈判、跨国公司内部销售都为国际贸易开辟了新的途径。世界网络市场的形成，使贸易商品信息能在全球范围充分地流动，增强了信息的公开性和时效性，减弱了供求双方的信息不对称，提高了商品进出口贸易效率。

2. 电子商务形成外贸市场中的新型企业组织

电子商务发展使国际贸易主体出现了重大变化。跨国服务公司导致了信息在全球范围内的加速流动，产生了虚拟公司或虚拟企业这样一种新型的企业组织形式，向世界市场提供产品或服务。在各自的专业领域拥有卓越技术的公司利用现代信息技术进行沟通协作，相互联合形成合作组织，可以更加有效地向市场提供商品和服务，迅速扩大市场范围。

国际电子商务市场环境下，中小企业积极实施跨境电子商务战略，积极参与外贸市场竞争，成为进出口交易中最活跃因素。跨境电子商务，尤其是跨境小额交易能够较好地满足海内外消费者对个性化产品、异国风情产品、小众化服务的偏好，中小制造企业正是适应这一市场变化和需求，成为推动我国外贸出口增长的重要力量。

3. 电子商务扩大了进出口商品的范畴和数量

电子商务扩大了传统进出口贸易商品范畴。电子商务使一切可以数字化的产品和大多数服务项目进入了国际贸易领域，尤其是一些在传统国际贸易中不可交易的产品或者是由于传统交易成本太高而难以进行贸易的产品。世界贸易组织积极推进的网络贸易零关税方案，使出口国能充分发挥自己在网络化产品方面的竞争优势，提升自己的外贸竞争力。

我国工业品也正在加速进入跨境电子商务出口领域，跨境电子商务 B2B 交易规模在持续扩大。产业数字化成为我国数字经济发展的主要引擎，产业数字化驱动钢铁、建材、化工等行业的跨境电子商务交易额不断增长。零部件、机电设备、二手车等工业品领域也成为跨境 B2B 电子商务交易额增长的新驱动力。海外仓、独立站、出口信保、数字金融等优质服务，也为跨境 B2B 电子商务行业发展提供了支撑和保障。

与此同时，在数字贸易快速发展的背景条件下，我国的跨境电子商务服务类产品交易量也出现了大规模增长。这主要归结于两方面的原因：第一，深化改革服务贸易，采取多项措施，全面、稳步推进深化贸易创新发展试点，出台支持服务外包和特色服务出口基地高质量发展的相关措施，持续放宽服务业外资准入条件，不断改善营商环境；第二，全球市场表现出对数字化服务需求的快速增长，视听、医疗、教育、网络零售等在线服务的交易规模大幅增长。2021 年，我国的数字服务贸易保持了良好的增长势头，商务部的数据显示，个人文化和娱乐服务出口增长率为 35%，知识产权使用费出口增长率为 26.9%，电信、计算机和信息服务出口增长率为 22.3%。

4. 电子商务对国际贸易方式的作用

电子商务使进出口贸易方式发生变革。跨境电子商务是一种现代化的贸易服务方式，这种方式突破了传统贸易以单向物流为主的运作格局，实现了以物流为依据、信息流为核心、商流为主体的全新战略，可以将代理、展销等传统的贸易方式融合，将进出口贸易的主要流程引入网络，为贸易双方提供服务，促进进出口贸易深入开展，贸易商品的供需双方可以通过网络直接接触，使得信息网络成为最大的中间商，贸易中间商、代理商和专业进出口公司的地位相对降低，从而引发了对国际贸易中间组织结构的革命。

跨境电商对制造业企业外贸交易流程的重构主要表现在去中介和二次中介。传统外贸交易的中间环节和中介对交易的顺畅性和成功率起到了非常重要的作用，中介在买卖双方的交易过程中主要发挥两个方面的作用：一是为买卖双方提供商品的需求、要求、价格和供给等信息，进而撮合买卖双方达成交易；二是提供信用担保、资金垫付和商品流转等增值功能。第一种功能在互联网时代将被越来越淡化，所以只提供第一种功能的中介终将被淘汰，这就是所谓的去中介现象；而电子化中介及专业的第三方平台则具备并综合发挥了这些功能，并且不断创新，可以称之为再中介或二次中介。

近年来，我国跨境电商新模式不断出现，如海外独立站和跨境电商直播模式。海外独立站有独立服务器、独立网站程序及单独的网站域名，这是属于企业自己的跨境电商平台，不受第三方平台规则的约束，企业可以完全控制并不断提升自己的品牌，可以采取灵活的方式进行营销活动的设计和宣传。根据商务部的统计，目前中国企业在海外建立的独立站约为 20 万个，独立站成为我国跨境电商出口的一个重要渠道。跨境电商直播模式是跨境电商的新业态、新模式，也是新风口。快手电商主要开展跨境电商零售进口业务，2020 年 5 月，快手电商正式上线跨境业务，在全国建立合作保税仓，覆盖华北、华南、华中等区域，目前平台引入近千种商品品类。

5. 电子商务与国际贸易风险

电子商务在提高贸易效率的同时，在一定程度上增加了进出口贸易风险。交易者、交易方式和交易标的虚拟化都增加了国际贸易过程中的不确定性风险。同时，电子商务支付与安全技术还不够完全成熟，加上黑客侵扰和经济犯罪威胁的存在，使得国际贸易还存在一定技术风险。

二、跨境电子商务对制造业外贸成本的影响

电子商务方式革新了传统贸易手段,制造业企业可以通过跨境电子商务交易平台实现商品跨国界直销,剔除了传统贸易当中大量的中间环节,为企业带来了明显的销售时间缩短和商品销售费用节约。可以从交易时间和商品交易费用角度来对比传统对外贸易方式和跨境电子商务方式的贸易成本问题。

贸易成本节约是跨境电子商务价值创造效果的最直接体现,跨境电子商务是国际贸易在信息时代发展的新阶段。经济主体在虚拟市场环境下,通过对不同资源的运作整合、贸易中间环节的精简,特别是实现交易流程的电子化,而达到贸易成本的明显节约。

第一,资源运作整合实现成本节约是跨境电子商务相关主体通过有形资源、无形资源及二者之间的价差匹配和共同使用,发挥出了相对于单独使用总效用更高的价值,同时也带来了资源整体节约效用。

第二,贸易中间环节精简主要表现在境内企业可以通过跨境电子交易平台实现贸易双方的直接对接,二者进行贸易条款协商达成交易,从而代替了传统国际贸易当中的中介代理机构,为买卖双方让渡了更多的利润空间,中间环节的消失为交易费用的节约和交易时间的节省带来了明显的效果改善。

第三,贸易流程的电子化,如国际市场营销、电子通关、跨境电子支付等显著提升贸易活动的顺畅性,缩短了交易时间,为贸易主体带来了巨大的贸易时间成本节约和中间费用降低。

成本节约是跨境电子商务方式最基础同时也是最直接的作用体现。通过"无纸化广告"降低促销成本;信息传递与处理系统将产品采购过程与制造、运输、销售过程有机结合从而降低采购成本;直销方式的采用可降低外贸企业的代理成本;标准化、格式化的电子合同、单证、票据等在网络中的快速传递,这些都显著提高了交易效率,降低了签约成本;便捷的沟通降低售后服务成本。

此外,应该注意的是,跨境电子商务降低制造业企业贸易成本不仅使传统大型企业获得利益,同时也为中小制造业企业参与全球贸易降低了门槛,特别是规模门槛。贸易成本同时包括搜寻、信息沟通、交易磋商、交易决策、物流等多方面的内容,跨境电商促进了交易成本的系统性降低。

第三节 跨境电子商务提升产品制造差异化

一、跨境电子商务提升产品差异化的原因

制造业企业获取竞争优势的战略主要有 3 种：一是成本领先战略，即在同行业中以最低的成本生产产品或提供服务；二是差异化战略，即企业能够提供具有差异化的产品与服务，进而开辟新市场或填补市场空白；三是专一化战略，即选择一个利基市场，从产品质量、速度和效益上形成竞争优势。

跨境电子商务可以使制造业企业更容易获取差异化竞争优势。首先，电子商务可以提升企业对市场反应的灵敏度，即快速地捕捉商业环境的变化并进行产品更新、改变经营策略和服务等；其次，电子商务经营更适合企业实行定制化生产，网络市场、信息中介和门户网站等将会使仅提供供给、需求、价格信息功能的传统中介退出历史舞台，我们称之为去中介化，以至于企业可以直接面对顾客和用户，更好地了解用户的要求和购买习惯，进行定制化生产；再次，电子商务领域的明显特征就是促进了企业或者行业的优胜劣汰，企业为了发展必须学习新技术、开发新产品、提供新的服务模式，此类变化必然又要求企业有新的组织机构和业务流程与之相适应。重构业务流程的一个重要方法就是业务流程再造（business process reengineering，BPR），即分析和设计企业组织内部的工作流程。

二、产品差异化为企业带来超常收益

产品或服务的独特性和差异化优势将会为制造业企业带来超常收益，提高客户对企业或产品的忠诚度。跨境电子商务可以在一定程度上改变原有生产者和消费者之间的关系，变成消费者创造价值而制造企业消费价值的形态，即先有消费者提出需求，后有生产者按照顾客的需求再去组织生产。消费者能够积极参与到产品的设计和研发过程中去，而不仅仅是被动的、简单的产品使用者；消费者能够参与到研发生产过程中，从而彰显出了消费者的个性化和产品的差异化，制造企业的定制化生产也将为企业带来更加可观的收入。

第四节 跨境电子商务提升企业服务能力

一、企业服务能力的衡量

企业的客户服务能力高低主要表现在两个方面：一是企业在一定时期内所能服务的客户数量（称作 reach），即最多能为多少家客户提供服务；二是为客户所提供有效信息量和互动强弱，即服务质量（称作 richness）的优劣。上述两个方面是相辅相成的关系，共同表征着企业客户服务能力的高低。在制造企业客户服务能力一定的条件下，两者之间又存在此消彼长的关系。伊文斯（Evans）在 2000 年曾经写文章论述了这样一种关系，即在一定成本投入层次上，客户服务数量（reach）和服务质量（richness）是逆方向变化关系。电子商务与生俱来的一大优势就是信息传递的便捷性及跨越时空性，表现在客户服务方面就是提高服务的精准性、便利性和远端性，能够为客户提供更加全面、更加专业的商品信息，满足客户与制造企业在售前、售中、售后各个阶段的信息交流和互动，使企业在一定的成本条件下综合提升客户服务水平，同时提高 reach 和 richness 两个方面的能力，如图 3-4 所示。

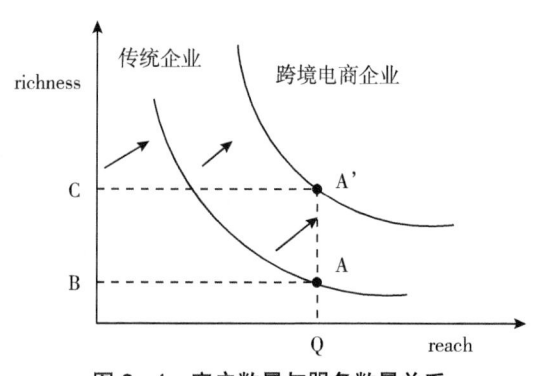

图 3-4　客户数量与服务数量关系

从上图可以看出，A 点和 A'点分别位于传统企业和跨境电子商务企业客户服务曲线上，它们对应 reach 坐标位置都是 Q，在所服务客户数量都是 Q 的条件下，跨境电子商务企业可以显著提升客户服务质量。在电子商务经营环境下，企业可以通过功能强大的社交媒介手段和客户进行沟通交流，提升客户的服务体验，同时还可以使服务成本大幅降低。

二、跨境电子商务增强客户与企业之间的交互作用

电子商务条件下的客户服务技术很大程度上提升了客户和企业之间的互动效率，客户可以轻松、方便地创立、编辑、发送、确认和跟踪订单。高效的信息沟通技术和互动交流软件，使电子商务在服务客户的同时也提高了交易双方的信任程度，同时能够在售中、售后为客户提供快捷、平等的个性化服务，服务更加有针对性，进而更有效率。电子商务可以针对每一个客户的具体要求和个人兴趣进行一对一的精准服务，比如为每个客户建立一个账户和术语体系。在客户服务过程中更加了解和掌握每个客户的习惯和偏好，也将会大大降低企业的销售成本。

三、跨境电子商务提高企业的客户关系管理能力

企业通过使用大数据、数据挖掘、数据分析、云计算等技术手段来进行客户关系管理。通过数据挖掘、数据比对和数据分析，制造业企业可以找到数据之间的联系和所呈现出来规律，从而发现顾客的个性化需求，企业也能够更容易把握市场的变化趋势和潜在的市场机会。企业所积累的历史的、大量的客户服务数据包含了大量的市场需求信息，这些需求信息为企业如何改进产品设计和服务模式，如何提高产品和服务针对性，都具有最直接的参考和指导意义。

客户服务是电子商务企业最大的工作内容之一，提高客户服务质量，尤其是实现个性化客户服务，是制造业企业特别关注的重点。电子商务模式的一大优势就是在消费者购买商品的过程中，企业就可以直接和快速地掌握客户的相关信息，根据客户信息可以量身定做客户服务，而且可以批量复制市场中的个性化客户关系。高效率的订单执行和彰显特色的个性化客服在吸引电子商务潜在客户方面的作用同样重要。

第五节 跨境电子商务重构制造业企业组织及功能

基于亚当·斯密分工理论基础上的金字塔形组织结构最大的特点就是部门之间分工明确。这种传统的组织结构是与专业化分工、标准化生产模式相适

应的,在工业革命阶段也确实发挥了比较重要的作用。但随着经济进步和生产模式的变化,这种金字塔形的层级组织弊端开始表现得越来越明显,比如,信息沟通渠道过长而导致信息沟通效率低下,等级关系森严而导致员工创新性不足,部门之间割裂而导致协调与合作难度较大等。全球性的电子商务市场使企业之间的竞争变成了一种开放性、跨界性竞争状态,企业经营管理也呈现出全球性、共享性、知识性、创造性和虚拟性状态,制造业企业之间竞争的重心也都转向创新能力、快速响应、定制化生产和个性化服务等方面。这就需要制造业企业进行组织结构重组,以适应全球性的电子商务大市场。

一、跨境电子商务促进企业组织结构扁平化

传统企业的组织结构往往都是存在庞大、复杂的管理层次,中间管理层所发挥的作用主要是信息的上传下达,其次是对作业人员进行指导和监督。电子商务技术应用使信息的搜集、整理和传递效率发生革命性变化,信息处理能力和速度大大提升,尤其是智能化管理软件的使用,不仅使企业各部门之间、员工之间信息沟通更加顺畅和便捷,而且也大大弱化了人为的监督和控制,此时,企业组织当中管理中层的作用已经逐渐消失,组织结构扁平化已经是大势所趋。组织结构扁平化是通过减少行政管理层次,裁减冗余人员,从而建立一种紧凑、干练的扁平化组织结构。

网络信息技术,特别是管理信息系统在企业中的普及应用,直接突破了传统的管理幅度理论的限制,电子商务系统中强大的信息处理能力可以轻松解决管理幅度增加后出现的指数化增长的信息量和复杂的人际关系问题。电子商务中的直销模式最显著的特点就是渠道直营化,制造商可以直接将商品销售给用户,减少了渠道层级,缩短了渠道长度,而销售渠道的宽度大大增加。在组织结构扁平化条件下,组织当中各层级之间的联系相对减少,各基层组织之间相对独立,组织得以有效运作,各基层组织的功能也可以更好发挥;扁平化的组织形式也能够更好地适应快速变化的市场环境。

二、跨境电子商务促进企业组织结构柔性化

企业电子商务系统促成了信息和知识在企业员工之间能够共享,网络化的信息和知识传播渠道促成了企业组织结构的柔性化特征。柔性化的组织

结构是通过组织获取和共享知识、优化人力资源、提高创新能力和应变能力而建立起来的一种富有弹性的新型组织。制造业企业获取知识的渠道主要有3个：一是人力资源渠道，包括员工的知识、能力、智慧和创造力；二是企业资源渠道，主要是组织运营过程中的相关积累，如专利、管理手册和学习教材等；三是商务合作伙伴资源渠道。知识只有通过不断创新，在企业各部门和员工之间分享才能更好地发挥其价值，知识单位使用成本才能降低。知识共享可以提高企业在复杂环境中解决问题的能力，提高企业抗风险能力。

在电子商务运作过程中，企业对信息和知识的管理活动主要是知识的创造、获取、编译、分类、传播和应用。知识创造主要是利用网络技术和计算机软件对数据进行搜集、整理和分析，从而得出联系和规律性内容，形成生产经营的新思路；知识的传播则是使用网络系统或网络平台与企业员工、商业合作伙伴、客户等利益相关者进行信息共享，提升信息和知识的效用价值；知识的应用则是员工通过学习和使用知识提高解决问题的技能。在柔性化的企业组织结构内，具有不同知识和技能的员工分布在多条水平渠道所连接的相对独立的部门内，能够提高知识、信息的传播与共享效率，实现不同专业的知识互补，提高组织的运营效率。

制造业企业的柔性化组织结构实现了以项目任务为导向的团队式合作模式代替传统的固定组织指派工作模式，企业可以快速、高效地围绕项目目标和任务合理配置各种资源，充分发挥企业内各部门员工的积极性和创造性，以便快速适应现代市场变化的需求。

三、跨境电子商务促进企业组织结构虚拟化

企业组织结构虚拟化是电子商务条件下的必然发展趋势。电子商务模式下，企业之间的交易成本、沟通协调成本都得到了大幅的降低，同时也要求企业组织提高运营效率，以适应不断快速变化的市场环境。在竞争日益加剧的市场环境中，消费者需求的多样化、快捷化要求企业能够整合各类资源组织生产和快速响应，以便形成制造业企业在市场中的竞争优势。企业组织虚拟化正是以网络技术和信息技术为基础，将原材料及零部件的供应商、制造商和用户等独立的企业进行整合而形成的临时性合作组织，其目标是在信息、资源、技术、人才等方面实现共享，联合开发，降低风险和费用。企业

组织虚拟化趋势下，企业往往只需要保留自己在市场中具有核心竞争力的部门和资源，以此作为与其他企业进行合作的基础和优势条件，从而通过签订协议、结成合作联盟形成一个新的作业组织。

虚拟企业是电子商务发展过程中所形成的全新的企业经营模式。虚拟企业最初由美国里海大学的雅柯卡研究所和通用电气公司共同在《振兴和发展美国制造企业的战略——灵捷制造》中提出，将虚拟企业解释为："虚拟企业是一种电子商务企业，其目标是为了满足市场上的特定需求，为达到此目标而选择市场中具有相应资源的相关合作伙伴所组成的一个虚拟体。"德国经济学家 H. J. Bulliger 将虚拟企业解释为："虚拟企业是这样一种网络组织，由于信息技术和通信技术的高度发达，企业之间的合作关系突破了传统的合作关系，而通过网络，应用信息技术和通信技术进行分散的互利合作，一旦合作任务达成，合作关系便宣告解除，因此这是一种暂时的、跨越空间的合作形式。"虚拟企业之所以能成为电子商务企业发展的潮流和趋势，主要是因为在多变的市场竞争中发挥了重要作用，主要表现为以下几点。

1. 实现资源有效整合

任何一个企业都不可能全面拥有各类资源，每个企业所拥有的资源类型和资源数量都是有限的，面对激烈的市场竞争环境，完成特定市场目标就需要发挥自身所拥有的特定资源优势，将企业有限的资源用在高附加值的产品开发和功能发挥上来，然后从全社会的范围内去实现其他资源的整合。虚拟企业的组建正是基于资源优化组合这一基本思路而进行的，充分发挥了企业在市场竞争中的灵活性和应变能力，为电子商务企业发展特别是中小电商企业成长提供了优选路径。

2. 提升企业竞争力

市场的虚拟化演变速度在加快，电子商务企业应对市场变化的能力也需要不断提高，主要表现在：首先，要求制造业企业降低产品研发成本，缩短产品研发周期；其次，要求制造业企业大大提高开发市场的力度，加快产品在消费市场中的渗透速度；同时，还要求把控企业应对市场风险的能力。这些要求也正是企业市场竞争力的体现，如果企业仅仅依靠自己的力量来实现这些条件，就需要投入很大的成本，同时会承担相应的高风险。虚拟企业组织联合式产品开发、共同完成项目任务的合作形式缩短了产品研发周期，分担了产品与市场开发成本,同时也分担了市场风险,避免了单一企业应对市场变化的盲目性,在一定程度上降低了资源浪费和重复劳动。

3. 提升技术优势

虚拟企业的一个显著优势是集中了所有合作伙伴的技术优势,在产品和服务的技术开发上更容易形成强大优势,从而使新开发的产品或服务具有市场竞争领先水平。

4. 提升企业柔性

虚拟企业是各组织出于共同的需要、共同的利益、共同的目标而形成的联合体,所以,企业组织也自然呈现柔性化特征。虚拟企业组织具有流动性和灵活性,当共同的目标任务完成时,虚拟企业便可以宣布结束。所以,虚拟企业可以是长期性的合作,也可以是临时性组合。这也使得虚拟企业具有较强的适应市场变化的柔性和灵敏性,多个参与方的集合也带来了企业规模的扩大,从而可以获得规模效益。

四、跨境电子商务促进组织结构跨边界化

跨境电子商务的一个突出优势就是在相当程度上打破了地理空间的限制,不仅表现为供应商、制造商、客户的物理空间不再成为商务活动过程中的阻碍,而且制造业企业组织内部各部门之间的边界也开始变得模糊,远程办公、视频交流、物联网、智能控制等技术广泛深入的应用更显著推进企业组织结构的跨边界化趋势。企业组织结构的跨边界化主要目标是从组织作为一个整体系统的角度出发去做决策、组织活动,使企业组织整体活动效率最高,总体效益最佳,而不是盲目地去打破各部门的界限而使组织陷入一个无序状态。

制造业在电子商务时代一个重大变化就是大规模生产逐渐被定制化生产所取代,生产企业需要面对消费群体的多样化和个性化需求,而传统的适应大规模生产的科层制组织结构根本无法适应这种市场需求变化。电子商务条件下所形成的组织中的各个跨边界工作团队则可以较好地适应这种变化,可以针对消费群体的多样化、定制化需求快速地进行响应。跨边界团队由制造业企业组织中在不同领域具有一技之长的员工组成,组建的目的就是适应特定的工作目标和任务。跨边界团队直接面向特定工作场景,团队成员有相当

程度的决策和选择权力，团队中信息呈现多向流通，取消了传统组织结构的层级管理和逐层汇报制度，提高了工作团队的反应速度和工作效率，跨边界团队形成了电子商务企业组织结构的基础。

第六节　本章小结

本章主要研究了跨境电子商务与制造业融合发展的驱动因素，主要包括跨境电子商务有效降低了制造业企业的生产成本、降低了制造业企业的贸易成本、提升了制造业企业产品差异化、提升了企业的服务能力、重构了制造业企业的组织和功能，可以得出以下主要结论：

第一，制造业企业通过跨境电子商务实施全球化的采购战略、超越时空的人才战略，以及利用技术和资本在互联网条件下的机动性和广阔性特征来降低生产成本。跨境电子商务可以实现原材料、零部件等采购的全球化，实现采购的透明化和规范化，缩短采购周期，可以在全球范围内寻找质量好、价格合理的供应商；虚拟经济条件下，人才对经济发展的贡献也显示出了跨行业边界、跨企业边界甚至是跨国界的跨界性特征，跨越时空的人才战略最大程度降低了企业人才方面的投入成本，是一种关系到科学技术发展和制造产业结构优化升级的竞争战略，而这也是制造业企业开展跨境电子商务的优势所在；"科学技术是第一生产力"无论是在过去还是在数字经济和实体经济融合发展的当前阶段都是一个正确命题，而资本总是跟随技术而行，资本总是投向新技术的应用领域，新发明、新产品甚至是新行业就会随之诞生。

第二，制造业企业通过实施跨境电子商务对相关资源进行整合、精简贸易中间环节、实现交易流程的电子化，进而达到降低贸易成本的目标。资源整合包括对有形资源、无形资源的整合，包括资源的价差匹配和资源共享，从而实现资源效用更佳发挥，也带来成本节约；跨境电子商务对贸易中间的精简主要表现为跨境电子商务平台的强大功能代替了传统对外贸易中的中介机构，减少了中间环节的费用，为交易双方均让渡了利润空间；国际网络营销、一站式电子化通关和在线支付等电子化环节显著提高了跨境贸易效率，提高交易的顺畅性，节约了传统交易过程中的一些不可预知的费用。

第三，跨境电子商务可以促使制造业企业更容易获得差异化竞争优势，而差异化竞争优势又更容易促使制造业企业获得超常收益。制造业企业通过实施跨境电子商务提升了市场灵敏度,能够快速实现产品更新、变更经营策略等;跨境电子商务经营条件下,制造业企业更适合实行定制化生产,满足消费者个性化需求;网络市场环境要求企业必须不断地学习新技术、开发新产品、提升服务层次,而创新本身就是一种最优等级的差异化。

第四,制造业企业通过实施跨境电子商务可以增强与客户之间的交互作用,提高客户关系管理能力,从而提升企业的客户服务能力。高效的信息沟通技术和互动交流软件很大程度上提升了客户服务技术和客户服务水平,客户和企业之间可以实现良好互动,客户服务更加有针对性、更加有效率;数据挖掘、数据分析等技术手段显著提升客户关系管理能力,大量客户数据能够准确地为客户画像,可以精准把握顾客的个性化需求,提供量身定制化客户服务,彰显特色的个性化服务能够吸引更多的潜在客户。

第五,跨境电子商务重构了制造业企业的组织及功能,主要表现为跨境电商促进企业结构扁平化、柔性化、虚拟化和跨边界化等。网络信息技术的普及使用,打破了传统的管理幅度理论,电子商务系统的强大信息处理能力实现了管理幅度的巨大拓展,制造业企业可以实现跨境直销,减少渠道层级,同时组织结构也相应趋于扁平化;跨境电子商务经营条件下,团队式合作模式代替了组织指派工作模式,制造业企业可以有效率地进行资源配置来实现企业经营目标,从而能够适应快节奏的市场需求变化,充分显示出制造业企业的柔性化特征;电子商务发展过程中形成了一种全新的经营模式,即虚拟企业,将供应商、制造商、用户等独立的企业整合成临时性合作组织,实现信息资源、技术、人才等要素共享;跨境电子商务促使制造业企业组织内部各单元之间的边界变得模糊,远程办公、智能控制等技术也推进了组织结构的跨边界化趋势。

第四章 跨境电子商务与制造业融合发展过程分析

第一节 制造业企业实施跨境电子商务战略

一、制造业企业跨境电子商务战略定位

在跨境电子商务与制造业融合发展过程中,制造业企业所面临的首要问题是如何定位和如何实施跨境电子商务战略。不同领域、不同规模的制造业企业,需要根据自身的实际情况,并结合国内外环境,去选择适合的跨境电子商务战略。跨境电子商务战略实施本身就是一个长期过程,而且,跨境电商对制造业企业所产生的影响程度也跟企业所属行业、企业规模、企业组织结构、企业未来发展规划等因素具有较大相关性,这也直接关乎制造业企业如何进行跨境电子商务战略定位的问题。

制造业企业跨境电子商务的战略定位就是根据目前和将来跨境电子商务对企业经营所带来的影响程度,确定在什么层次上实施跨境电子商务战略,从而尽可能实现制造业企业利益最大化。本章根据小汤普森(A. A. Thompson Jr.)与斯特里克兰(A. J. Strickland)所给出的大战略矩阵框架,来分析企业跨境电子商务战略定位问题。大战略规划矩阵(Grand Strategy Matrix)是根据波士顿矩阵修改而成的,是一种常用的制定备选战略的工具,通过纵横两个数轴将战略矩阵划分为4个象限,用4个战略象限来覆盖所有企业的战略定位。如图4-1所示:

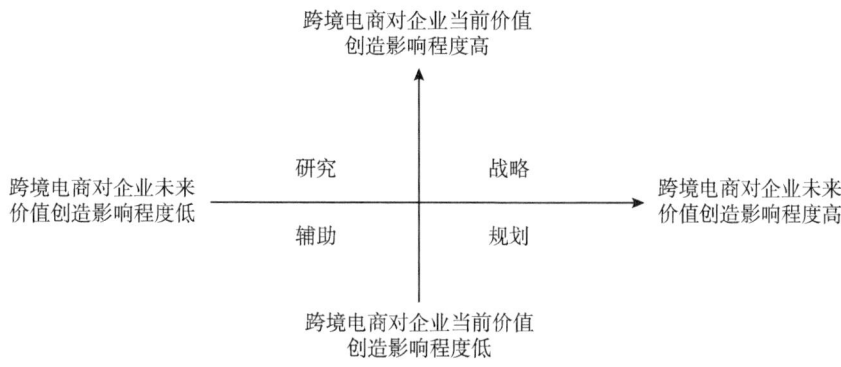

图4-1 跨境电子商务战略矩阵

如图4-1所示，横轴表示跨境电子商务战略对制造业企业未来效益影响程度大小，纵轴表示对制造业企业当前效益影响程度大小。该矩阵模型可以帮助分析制造业企业与跨境电子商务战略之间的关系，确定制造业企业所处象限位置并采取相应的跨境电子商务策略。

第一象限称之为"战略"象限。处于战略象限内的制造业企业当前生产经营活动已经对跨境电子商务产生了很强的依赖性，跨境电子商务开展同时会对制造业企业未来的经营产生重要影响，直接决定着企业在外贸市场的竞争能力，企业管理层应当重视当前跨境电子商务的开展实施，也要积极制定企业未来跨境电子商务发展战略规划。处于第一象限的企业在跨境电子商务运作上可以采取以下这些共同的做法：

① 跨境电子商务战略的制定应该与企业经营模式和经营规划紧密关联起来，与外贸市场虚拟化的大环境相适应；

② 中、长期跨境电子商务发展规划对企业未来发展具有极其重要的意义，企业高层领导应该积极参与战略规划制定；

③ 通过跨境电子商务为企业开辟更大的国际市场，降低外贸交易成本，提高交易效率，为企业创造更大收益。

第二象限称之为"研究"象限。处于"研究"象限的企业，电子商务技术应用对于制造业企业当前产品进出口贸易具有较高影响，企业也正在通过跨境电子商务开展业务并取得明显效益，但并不一定会对企业未来经营产生较好效益，不能成为制造业企业经营发展的远期战略核心目标。

第三象限称之为"辅助"象限。跨境电子商务战略对处于辅助象限的制造业企业进出口贸易业务几乎不产生影响作用，并且对将来的业务发展方向影响也不明显,该类企业经营绩效与跨境电子商务关联性很低,电子商务只能起到一定的辅助作用。这类企业不需要对跨境电子商务实施进行太多投资,只需要认识并适应整体外贸发展环境即可。

第四象限称之为"规划"象限。处于"规划"象限的企业,虽然电子商务并没有对企业过去和当前进出口贸易产生显著影响,但经济社会发展势必会对其产生重大冲击,企业高层管理者应当意识到,只有适应跨境电子商务潮流才能在国际市场占有一席之地,领导者必须规划未来的电子商务发展战略,才能维持或者增强企业的市场地位,企业应该逐步加强电子商务技术的应用。

二、制造业企业跨境电子商务战略机遇

通过对跨境电子商务战略定位的4个象限分析,企业可以根据跨境电子商务目前和将来对自身发展影响程度的大小,分析电子商务对外贸进出口业务效益增加潜力强弱,确定跨境电子商务的实施方案,把握跨境电子商务战略机遇。中国制造行业在跨境电子商务发展背景下就获得了足够明显的战略机遇,跨境电子商务正在改变着中国的传统制造行业。中国的传统出口贸易近年来受到了严重阻碍,从中国各大港口发往世界各地的集装箱数量曾经一度出现了负增长,但这种局面并不代表中国制造行业将要被世界市场所淘汰。与此同时,中国外贸出口借助互联网交易方式出现了爆发式增长,网购成为全世界普遍流行的一种交易方式,跨境贸易电子商务成为一种全球性的商务模式。

在跨境电子商务成为国际贸易发展大趋势的背景下,制造业企业应当全面、仔细分析企业自身情况和国内外经济发展环境,抓住跨境贸易电子商务发展的战略机遇,发挥企业优势,形成在外贸市场当中的核心竞争能力。

第二节 制造业企业识取跨境电子商务资源

一、跨境电子商务资源的内涵与外延

1. 跨境电子商务资源的内涵

跨境电子商务资源整合是指能够对跨境电子商务战略相关的各类资源进行识别与选择、汲取与配置、激活与有机融合,使其具有系统性和更大创造

力，从而为企业经营发展带来更大价值和效益。制造业企业整合资源的效果主要表现在必须有助于企业跨境电子商务战略的实施和在近期或未来能够给企业带来效益，被整合对象的来源可以是不同层次、结构和内容方面的资源。

2. 跨境电子商务资源的外延

基于资源观的核心理念，企业价值创造的基础和来源就是能够将其具有的特定资源和能力进行有效结合。跨境电子商务资源主要分企业内部资源和企业外部资源两个大类：内部资源主要包括实施跨境电子商务所必需的组织因素，主要是指企业的管理结构和管理模式是否适应跨境电子商务模式、从事跨境电子商务的业务人员的能力水平及其他资源等；外部资源主要包括企业所属行业和政府的政策措施、产业链条的成熟度、跨境电子商务交易和管理公共平台等资源。制造业企业开展跨境电子商务的主要内容就是通过恰当的方式和途径去获取有效的资源，从而在贸易活动中获得收益。

二、制造业企业对跨境电子商务资源的整合

跨境电子商务资源整合是一个涉及多行业、跨国界的复杂的系统性工程，可以从以下3个角度对其所包含内容进行讨论。

1. 跨境电子商务新资源和传统国际贸易资源相整合

跨境电子商务既是电子商务应用过程中的一种较为高级的形式，同时也是国际贸易发展的一个新阶段和新形态，其最大的优势就在于贸易双方借助互联网及其相关信息平台完成了跨国界交易，因此，信息技术应用是跨境电子商务发展过程中最基础也是最核心的资源。传统国际贸易进出口业务运作必须面对跨国结汇、通关和国际运输、保险等复杂环节，但在信息沟通、海外市场推广和拓展等方面则完全可以借助电子商务手段进行，从而提高国际市场营销效率和水平，以低成本投入取得较好收益，为企业创造更大价值。在国外市场需求萎缩的大环境下，跨境电子商务的低门槛给国内中小企业进入国际市场带来了契机，小额跨境贸易通过电子商务方式如火如荼开展起来，同时也给传统国际贸易进行贸易方式转变提供了借鉴。传统贸易资源融合跨境电子商务技术将成为未来国际贸易发展的新趋势，也能适应业已形成的全球化大市场。

2.制造业企业自有资源和政府公共资源相整合

个体资源是指企业自身所拥有的跨境电子商务资源，包括企业自己引进和培养的能够熟练操作跨境电子商务业务的人力资源、企业自主研发的电子商务应用技术、企业自己搭建的跨境电子商务网站和交易平台、自主筹建或者联盟形成的电子商务物流配送体系等。这些资源在满足自身业务需求方面确实能够实现快速度、高效率运作，但是，企业个体资源也必然会表现出零散化、不成体系和不具有规模效应等一些特征。我国政府为了鼓励和支持跨境电子商务发展，也先后采取了一系列发展举措，如投资建设了跨境电子商务交易平台和跨境电子商务管理平台、开设了电子口岸、与海关等系统实现信息对接等。企业个体资源和政府公共资源及公共服务平台相融合，能够激发个体资源载体的资源运作能力，提高个体和公共资源两类资源活力，提高整体资源的价值，同时也有利于跨境电子商务行业规范健康发展。

3.国内电子商务资源和国际电子商务资源相整合

识别、选择和汲取国外电子商务市场当中有价值的、能够与国内环境相适应的、适合企业自身业务发展的资源，如国外先进的电子商务模式引进和嫁接、国外成熟的电子商务超级平台、完善的多币种支付系统等，并融入跨境电商企业自身资源整体系统当中，实现国内资源和国外资源之间的充分衔接融合，从而充分发挥跨境电子商务的效率和效能，为国内外经济主体创造更大的经济效益。

三、制造业企业对跨境电子商务资源的识取

制造业企业通过恰当的方式和途径去识取有效的跨境电子商务资源，从而在生产、经营和贸易过程中获得更大收益。资源识取主要包括两个方面的内容：第一是对跨境电子商务有效资源的识别和判断。企业要对能够获取或者整合的资源进行分析、归类并进行价值大小测算，并且对每类资源价值大小进行比较筛选，最终确定对实施跨境电子商务战略价值最高的资源。第二是通过恰当的方式获取有效资源。企业可以通过多种途径获取资源，不同的资源获取途径对企业的选择能力和执行能力所提出的要求也不一样。资源获取路径的建立和维持是一个长期而艰巨的过程，如果企业自身实力强大，那么企业内部开发创造会更有优势；如果企业实力不足以内部研发或优势不明

显,那么通过外部合作联盟也是一种理想的资源获取形式,但前提是必须要求联盟者应该和企业自身具有价值共识,才能保证合作顺利进行。

通过战略联盟方式获取资源并实现价值创造也是当前信息经济时代企业最为普遍、效果最好的一种做法。假设两家企业通过合作进行资源整合,其中,第一家企业具有第一种资源,第二家企业具有第二种资源。两家企业通过合作进行资源整合,每一家企业利用每一种资源所创造的价值都可以通过如下矩阵当中的元素来表示:

$$V=\begin{pmatrix} a_{11} & a_{12} \\ a_{21} & a_{22} \end{pmatrix}。 \qquad (4-1)$$

其中,第一个下标表示企业序号,第二个下标表示资源序号,a_{11}就表示第一家企业拥有第一种资源所创造的价值,则可以算出每家企业通过资源整合所得到的收益为$R_1=a_{12}-a_{11}$和$R_2=a_{21}-a_{22}$。

通过企业外部合作方式进行资源汲取而使企业获得价值增加部分至少包含了这样两部分价值:一部分是资源本身所具有价值;另一部分就是利用该资源进行生产经营所创造的新增价值部分。当然,企业在获得价值增加部分的同时也贡献出了自身所特有资源,所以收益的计算还要扣除这部分资源的价值创造,但其参照标准应该是企业自身。所以,企业能够正确识别有效资源并加以配置和发展利用,进行贸易经营活动便可以实现价值创造。由此可见,资源识别、判断、合理获取是本阶段价值活动所应该关注的重点。

第三节 制造业企业构筑跨境电子商务能力

一、跨境电子商务能力的概念

跨境电子商务能力主要是指制造业企业对跨境电子商务的应用能力,是利用国际互联网进行跨国界销售产品或服务的一种商务运作能力。跨境电子商务应用能力也可以理解为境内制造业企业通过跨境电子商务系统面向国外顾客进行商品广告宣传、在线交易和提供顾客服务的前端能力。跨境电子商务手段可以辅助境内企业实现商品贸易的顺利开展,所以,跨境电子商务应用能力也可以看作企业整合和利用跨境电子商务资源、开展外贸交易业务的能力，表现为企业通过对跨境电子商务系统的合理运用并在国际市场获取最大经济利益的全部能力。

二、跨境电子商务能力的构筑基础

跨境电子商务能力构筑是以资源识取活动为基础的。从跨境电子商务资源识取可以看出，利用或者整合跨境电子商务资源，实现价值创造，至少包括两部分价值增加量：一是资源本身的价值；二是有效利用资源所创造的新价值。前者侧重关注资源获取，而后者则是更侧重关注资源利用，资源利用必然又关系到参与主体的跨境电子商务能力问题。

基于能力学派的研究观点，跨境电子商务能力的构筑和学习是重要的活动，同时应该明确，跨境电子商务能力是依附于经济主体自身而形成的，能力的培养和形成是一个涉及组织内部多方面因素的综合体，是通过利用、整合企业内外部各种资源、依托于多个条件而构筑的复杂体系，并非通过简单模仿就能获得。第一，企业应当具备跨境电子商务应用的愿景并进行规划，充分重视电子商务部门负责人在企业管理中的地位和作用；企业在制定发展战略时应该考虑到支持跨境电子商务发展的目标，对跨境电子商务未来发展具有清晰的规划。第二，提高跨境电子商务的管理水平，主要包括企业要正确选择适合自身发展的跨境电子商务运作模式，调整组织结构以适应跨境电子商务的开展，对跨境电子商务的流程进行规范和优化，实现线上和线下业务能够充分融合开展，协调跨境电子商务系统中所涉及各方参与者之间业务关系等内容。企业开展跨境电子商务业务应该能够有效协调和整合企业内部（企业各部门）、企业外部（合作伙伴和境外消费者）等各方面的资源和关系。

三、跨境电子商务能力构筑的路径分析

根据上述分析可以认为，跨境电子商务能力是经济主体根据组织内部、外部和相关条件的具体情形，利用、整合和集成与跨境电子商务相联系的各类资源，实现对外贸易业务与电子商务方式的有机结合并能够对其进行合理运营、管理的能力。调用和整合各类资源体现了以资源为基础的观点，对资源的有效利用并能够对跨境电子商务运营进行有效管理又体现了基于能力的观点。基于以上研究思路，我们可以从培养资源整合运作能力和提高跨境电

子商务运作管理能力两个方向来分析企业跨境电子商务能力的构筑路径,两者共同决定了跨境电子商务能力的建立、培育和保持。

1. 培养企业资源运作整合能力

可以从企业内部资源运作和企业外部资源整合两个层次着手。首先,从企业内部资源角度来分析,要注意企业原有的经营系统与跨境电子商务系统的融合:如果企业是自建跨境电子商务交易平台,则要重点关注平台与企业业务的契合性;如果使用第三方交易平台,则关注企业外贸业务与平台功能的有效对接。其次,企业外部资源整合利用主要体现在选择合适的第三方支付服务商和第三方物流配送服务商,实现企业、支付商、物流方、顾客和交易管理平台等多方资源密切融合,保证跨境电子商务的高效运作。

2. 提高企业跨境电子商务运营管理能力

可以从企业内部管理和外部协同两个方面着手。企业内部运作管理方面,要调整和优化组织结构来适应和支持跨境电子商务发展,生产制造行业类企业则要面对两方面的变革,一是采用新的电子商务交易方式,二是开展与境外批发商或消费者之间贸易业务。另外,线上线下整合经营模式(O2O)也越来越受到更多企业的关注,代表企业未来发展的一种趋势和方向。在企业外部协同上,首先要通过跨境电子商务交易平台与合作伙伴之间实现信息有效沟通,达成价值共识并能够进行优势互补;其次是丰富服务功能以提高海外客户的跨境电子商务体验,并培养目标顾客养成使用跨境电子商务的习惯,在O2O模式下则更是要注意线上和线下产品的差异化经营策略。

企业需要对上述跨境电子商务能力的构筑路径不断探索优化,才能获得跨境电子商务能力,才能在对外贸易领域和国际市场形成竞争优势,最终实现企业收益的增加。

四、跨境电子商务能力与国际贸易竞争力

从应用能力的角度来研究跨境电子商务对制造业企业外贸竞争优势的影响,可以更好地解释跨境电子商务在企业对外贸易业务中的价值和作用。作为复杂系统的跨境电子商务的成功运营,最关键问题就是跨境电子商务应用能力的形成,而不是简单的跨境电子商务资源的投入和贸易手段转换。当企业形成一种独有且不容易被模仿的跨境电子商务应用核心能力时,才能

够将国际贸易资源投入转换为外贸竞争能力，才能真正实现跨境电子商务价值创造。跨境电子商务应用能力最终体现在境内生产企业、商品供应商与境外消费者、批发商之间进行贸易活动的能力。因此，跨境电子商务应用能力不能被简单看作是贸易主体对互联网技术的应用能力，不能仅仅从信息技术应用角度来理解跨境电子商务活动的内容。企业跨境电子商务能力能够使企业通过资源重构、整合形成与国际市场竞争环境相匹配的能力，从而获得新的发展机遇，保持竞争优势地位。

第四节　制造业企业建立跨境电子商务系统

一、制造业企业跨境电子商务系统的建立

跨境电子商务活动中，制造业企业和其他各类利益相关主体在具有价值共识基础上建立的相互协作关系、交易关系的总和就是跨境电子商务系统，所以，跨境电子商务系统内部所涵盖的组织之间各种关系即为系统内容。制造业企业和其他参与主体通过建立关系实现价值创造的关键，在于能够将各类具有不同价值优势的资源以更有效的作用方式组合在一起，尤其是借助了计算机、互联网等现代化信息处理工具和信息处理技术所形成的网络系统，实现了各类有效资源的汲取和整合。组织之间优势互补丰富了资源运作的手段和方法，增强了各类经济主体的跨境电子商务能力和价值创造能力。跨境电子商务系统建立是一个比较复杂过程，相较于传统国际贸易和国内电子商务交易，不仅在交易环节上有了重要改变（如通关电子化和商品传输虚拟化等），而且增加了新的第三方平台和服务商。

二、制造业企业跨境电子商务系统的结构

跨境电子商务系统是一个依靠信息流、物流、资金流等活动内容充分连接各交易参与方的动态系统，每个环节的活动都为跨境电子商务价值创造起着主导或者辅助作用。跨境电子商务系统结构如图4-2所示。

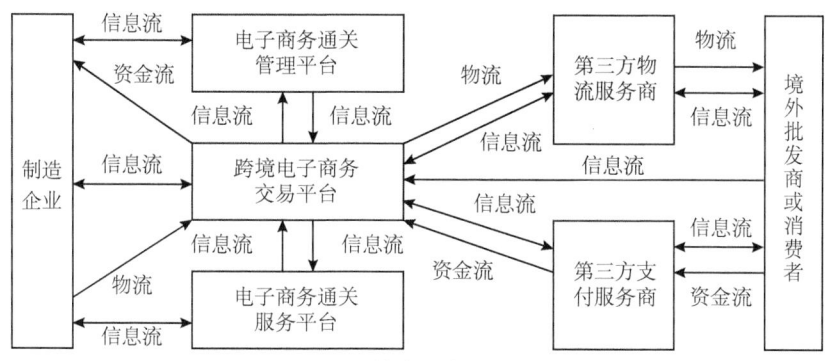

图 4-2　跨境电子商务系统结构

从图 4-2 可以很明显看出，跨境电子商务交易平台在系统当中处于中心枢纽的地位，通过该平台将制造业企业、境外消费者或批发商、第三方支付服务商、第三方物流服务商联系起来，形成一个有机集成系统，提高了跨境贸易运作的效率和效益，剔除了传统进出口贸易过程中的很多烦琐的中间环节，使传统对外贸易价值链条得到了大幅度精简，使交易供求双方收益显著提升；同时，这种精简的价值链也为跨境电子商务服务行业的形成及其价值创造提供了基础性条件，专业的第三方物流服务商和第三方支付服务商开始兴起并能健康推进跨境电子商务发展，二者是一种相辅相成的发展关系。当然，跨境电子商务平台的规范健康运行也必然要与通关服务平台和通关管理平台有效对接起来。通关服务平台能够将跨境电子商务交易平台、跨境支付结算系统和物流服务系统等与海关总署中央电子口岸实现联网和数据共享，可以帮助企业快速办理出口退税等服务工作；电子通关加快了货物通关速度，并有效克服了报检和报关数据不一致等相关问题，为跨境电子商务透明化和跨境电子商务交易额有效统计等都起到了重要作用。

三、制造业企业跨境电子商务系统的功能

1. 跨境电子商务系统的基本功能

跨境贸易电子商务系统是不同国家或地区之间的贸易主体实现在线交易的系统体系。跨境电子商务系统运行必须保证两个最基本功能的实现：第一是交易主体之间能够进行及时有效的信息沟通，包括商品广告宣传和海外市场营销与交易各方针对商品或服务的数量、质量、价格、交货时间信息进行

协商并准确界定等内容；第二是保证交易的实际履行，即商品交换的实现，包括货款结算、货物通关、物流配送和售后服务等内容。实际交易行为的履行除了要求交易参与者能够及时交流信息外，还需要保证资金流、物流的顺畅进行。企业通过跨境电子商务系统开展进出口贸易，需要跨境电子商务系统能够实现信息交流、在线跨境交易和在线交易管理等全过程服务功能。

2. 跨境电子商务系统的具体功能

（1）国际网络广告宣传

针对不同的海外市场背景，开展有针对性的商品广告宣传和促销，发布企业的商品、服务等各类相关信息，从而保证买方能够快速准确地找到自己所需要的商品和服务。

（2）在线订购

顾客可以通过交易平台订购提示信息进行下单并且得到系统确认，同时采用加密技术保证顾客和商家的商业信息不至于外部泄露，确保交易安全。

（3）贸易双方咨询洽谈

交易平台可以借助特有的洽谈沟通软件，实现买卖双方在商品属性、交易时间和附加条件等方面的交流沟通，快速有效地促成交易达成并提供及时售后咨询服务等。

（4）在线支付

不同国家或地区之间所使用货币不同增加了跨境电子支付的复杂度，平台联合第三方支付服务商，可以完成不同币种的网络支付。在线支付是跨境电子商务交易过程当中至关重要的一个环节，也是对安全性要求最高的一个环节。

（5）跨境电子商务物流

跨境电子商务物流配送可以通过两种方式进行：一种是境内货物通过申报出口到达销售地配送到顾客手中；另一种是通过建立海外仓储方式进行，通过对境外目标市场进行调查，根据其一定时期的市场容量提前准备相应的海外仓库储备量以满足顾客需求，同时也加快了物流配送速度，提升了消费者的网络购物体验度。

（6）外贸业务管理

跨境电子商务业务管理涉及的管理内容多且复杂，境内电子商务企业、物流商、支付服务商和境外商品需求者等都是被管理的主体对象，此外，还包括各主体之间的信息流通、物品流通、资金往来和活动的规范性等内容。

四、制造业企业跨境电子商务系统的特性

制造业企业跨境电子商务系统通过应用新的信息技术、新的贸易方式和新的商务模式，成功实现了商流、物流、信息流和资金流在进出口贸易活动中的高效率流转，提升了制造业企业运作效率和经营效益，这也是跨境电子商务系统基本性质的体现。本文通过分析跨境电子商务与制造业企业融合发展过程，抽象出了制造业企业跨境电子商务系统的3个基本性质，即互补性、协同性和集束性。

1. 跨境电子商务系统的互补性

制造业企业跨境电子商务系统的互补性主要是指企业在获取、拥有和调配资源等方面实现优势互补，如企业拥有的机器设备、掌握的核心技术、控制的商品营销渠道、获取的目标顾客信息、运作的金融资本等，可能会在不同的商业主体身上表现出较大的差异性特征。资源优势互补能够实现企业效益增加，主要原因可以总结为3个方面。

（1）资源在不同经营环境当中所发挥的功能不同

不同经营环境下的资源功能会存在差异，主要原因是资源被使用的场所不同就会产生不同经济效益。例如，同样的原材料被用来生产不同产品所产生的价值就会不同，相同的生产技术用于不同行业领域可以带来巨大的效果差异。跨境电子商务系统中，资源在不同运作环境下，也必然会带来不同的价值增量。

（2）资源在不同时间开发强度是不同的

商业经营的对象是商品或服务，而在商品和服务当中，有相当一部分是受到时间因素影响的，不同时间阶段对某种商品或服务的需求欲望、需求数量是存在巨大差别的，尤其是季节性、周期性很强的商品或者服务，这必然会导致生产该商品的各种资源要素（包括原材料、人力资源、生产设备、相关技术等）在不同时间的需求数量存在差别，即不同时间资源开发强度不同。

（3）资源在不同的市场的需求程度是不同的

资源在不同区域市场和不同行业市场的需求程度不同，这源自于市场自身所固有属性的差异。然而，电子商务模式创造了一个全球化大市场，推进了世界经济一体化这一趋势的加快发展，跨境电子商务在区域市场差异性方面正好表现出了自己巨大的价值创造能力。跨境贸易电子商务最大的特征就

是某一产地的商品以相对于传统贸易最低的成本、最快的速度销售到整个国际市场当中，这是一种高效率、低成本的商务运作模式。

根据上述分析，我们可以概括出，跨境电子商务系统的互补特性核心就在于提高对外贸易系统中资源的使用效率，资源使用效率的提高必然意味着制造业企业经营效益的提升，继而形成企业在国际市场中的竞争优势。

2. 跨境电子商务系统的协同性

（1）跨境电子商务系统协同性的含义

跨境电子商务系统包含了拥有不同优势资源的多个组织，这些利益相关组织在融合发展过程中向制造业企业提供相应的资源，包括人力资源、物质资源、链条关系资源和其他社会资源等，所有行为活动的组合也正是跨境电子商务系统的构建过程。当组织所拥有的特定资源能够被在同一时间并且以零成本用于其他组织的活动内容时，跨境电子商务系统的协同性就表现出来了。不同组织之间通过资源进行作业流程协调，协同一致地达到某一目标和完成对外贸易活动的全过程，包括活动主体之间协同、系统协同、物质资源协同和信息数据协同等内容。

（2）协同性与互补性比较

利用跨境电子商务系统不同组织之间的无形资源，通过协同效应来实现企业效益增加，相较于互补性实现企业效益增加更具有持续性。因为，利用资源互补实现企业经营效益增加的效果毕竟是有限的，通过时间差异和空间差异来进行资源开发和运作的合理上限非常明确，这种效益的增量空间狭小，不具有深度开发的潜力；而协同性所利用的组织中的资源具有无形性特征，这也是协同效应能够持续性创造跨境电子商务价值的最主要原因。概括来讲，两者之间在实现企业运营效益增加的差异上主要表现在两个方面：一是效益增加在时间上的暂时性和连续性；二是效益增加在空间上的狭隘性和可扩展性。

（3）协同性实现企业效益增加的原因

跨境电子商务系统的协同性实现企业效益增加，源自于系统内无形资源所具备的3个重要的特征：一是无形资源可以被不同组织同时使用；二是无形资源在被多组织使用时不会被消耗减少和不具备磨损性；三是无形资源的衍生性。无形资源相对于普通的实体资源和金融资本而言具有明显的非竞争性，也不具有资源使用上的排他性，实现资源配置的同时可以为他所用。而资源的竞争性源自于资源的稀缺性,稀缺资源在被消耗时往往表现为边际收益递减特征。非竞争性的无形资源可以同时配置于不同组织和场所,即同一时间上的多重使用,而不会影响使用效果,只是受到市场规模大小的影响。无形资源的衍生性主要表现在技术、知识和跨境电子商务能力衍生方面,不同运作组织之间进行知识学习、能力模仿和经验传递都为企业提供了巨大的价值创造空间和外贸竞争优势培育的可能性。

3.跨境电子商务系统的集束性

(1)跨境电子商务系统集束性的含义

跨境电子商务系统的集束性是指组成跨境贸易电商系统的各组织在合作协同中将有形资源和无形资源进行交叉、匹配、整合,从而实现企业在外贸市场中的竞争优势。境内生产企业或商品供应商、平台运营商、第三方物流、第三方支付和境外批发商等主体有机集成跨境电子商务系统,在开展对外贸易活动过程中不仅是有形资源之间整合、无形资源之间整合,而且是有形和无形资源之间的交叉、匹配、结合,例如,贸易商品和贸易渠道进行匹配,国际市场信息获取和外贸产品研发匹配,此外还包括规模效益、区位优势、劳动力等多要素的整体组合。从跨境电子商务系统集束性的概念可以看出,实现资源交叉匹配整合的必要条件是各合作组织能够有机结合,即必须以跨境电子商务系统的形式存在,一旦组成系统的主体分开,跨境电子商务系统的集束性就没有了。

(2)集束性实现制造业企业效益增加的原因分析

跨境电子商务的集束性实现制造业企业效益增加的根本原因在于:多组织拥有不同种类的外贸资源进行组合会产生集聚效应,资源组合价值远远大于各种资源分开使用所创造价值的总和。不同资源在进行组合时不仅能够实现互补性,而且附属于不同贸易主体还使它们具有资源位差性,即资源在不同企业所处的地位和所发挥的作用是不同的。高位资源主要包括组织能力、品牌、商誉、市场网络、顾客关系和社会资本等;中位资源主要包括技术、专利和知识等;低位资源主要包括劳动力、区位和规模等。拥有低位或中位资源的企业本身只拥有基于资源、地区或规模的单一优势,只有企业融入跨境电子商务系统,将中低位资源要素与系统当中其他主体的高位资源要素进行整合,才能通过资源体系优势,达到中低位资源使用的最佳效果。只有高、中、低3类资源有效交叉组合,形成一个有机资源体系,价值创造的优势才能得到最充分发挥;只有将处于各种位势的资源要素通过跨境电子商务系统结合在一起,才能够实现贸易资源和电子商务能力的有效结合,发挥贸易商品和企业在国际市场上整体竞争优势,实现跨境电子商务系统整体功能发挥。

第五节 本章小结

本章在论述制造业企业实施跨境电子商务战略的基础上,分析了跨境电子商务与制造业融合发展过程,主要包括制造业企业识取跨境电子商务资源、构筑跨境电子商务能力、建立跨境电子商务系统3个阶段。本章的主要结论可以概括为以下几个方面:

第一,制造业企业实施跨境电子商务战略会受到企业所属行业、企业规模、企业组织结构、企业未来发展规划等因素的影响。用小汤普森(A. A. Thompson Jr.)与斯特里克兰(A. J. Strickland)所给出的大战略矩阵框架对跨境电子商务战略定位进行了分析,我国制造业企业应当客观分析自身经营条件,抓住发展机遇,通过跨境电子商务培养在国际贸易市场中的核心竞争优势。

第二,制造业企业在对跨境电子商务资源整合的基础上进行资源识取。制造业企业对跨境电子商务资源整合包括3个方面,分别是跨境电子商务资源和传统国际贸易资源的整合、制造业企业自有资源和政府公共资源的整合、国内电子商务资源和国际电子商务资源的整合。资源识取分为两个阶段:第一阶段,制造业企业对跨境电子商务有效资源的识别和判断,对相关资源进行分析、归类、价值测算和比较筛选;第二阶段,选择恰当的方式获取有效资源,资源获取路径的建立和维持是一个长期而艰巨的过程。

第三,制造业企业的跨境电子商务能力构筑包括两个方面:一是培养企业资源运作整合能力;二是提高企业跨境电子商务运营管理能力。资源运作整合可以从制造业企业内部和外部着手。自建电商平台属于企业内部资源,应关注与业务的契合性;第三方物流和第三方支付则属于外部资源,应关注企业、支付商、物流方等多方资源的密切融合。制造业企业需要调整和优化组织结构以提高跨境电子商务运营管理能力,充分利用跨境电子商务相关平台实现与合作伙伴之间的信息沟通,达成价值共识并实现优势互补。跨境电子商务能力构筑路径需要不断探索优化，才能持续获得跨境电子商务能力。

第四，跨境电子商务系统包含了制造业企业和其他各类跨境电子商务活动主体，需要在共同意向和价值共识基础上去建立相互协作关系和交易关系。协作关系和交易关系建立的关键在于能够将各类具有不同价值优势的资源以更有效的作用方式组合在一起，尤其是借助现代化信息处理工具和信息处理技术所形成的网络系统，实现各类有效资源的汲取和整合。

第五章 跨境电子商务与制造业融合发展实证研究

第一节 跨境电子商务与制造业融合发展模型构建

一、融合发展模型构建的理论基础

跨境电子商务与制造业融合发展是一个复杂的系统工程，想要深入地了解其融合发展过程，不能仅仅依靠某单一理论，需要运用多种理论，从多角度去综合研究。制造业企业在实施跨境电子商务战略的过程中去识别有利于企业经营发展的各方面资源，最终融合于具有较强竞争力的跨境电子商务系统，整个融合发展过程由多个不同阶段和多种不同的活动构成。众多已有的研究文献表明，信息技术本身并不能够成为制造业企业获取核心竞争力的根本，制造业企业必须依托信息技术和商务模式的有效结合才能显著提升生产运作效率，从而综合提升制造业企业市场竞争力。

跨境电子商务契合于制造业企业运作经营的各个环节当中，可以让企业高效率地开展进出口贸易，形成企业协调统一的系统性跨境电子商务运作能力，并能够取得相较于传统贸易方式更好的效果。企业实施跨境电子商务成功的关键在于形成跨境贸易电子商务能力，实现贸易资源调配利用，开拓企业对外贸易新的价值增长空间，而不能把其当成一种单纯性的信息技术投资和技术手段应用。

二、融合发展模型的建立

基于以上跨境电子商务与制造业融合机制的理论分析，本章在借鉴已有相关研究成果的基础上，构建了跨境电子商务与制造业融合发展的识别模型。其中，跨境电子商务资源识取是融合发展的基础，跨境电子商务能力构筑是二者融合的关键手段，跨境电子商务系统建立是融合的最终目标。基于过程的跨境电子商务与制造业融合识别模型如图5-1所示。

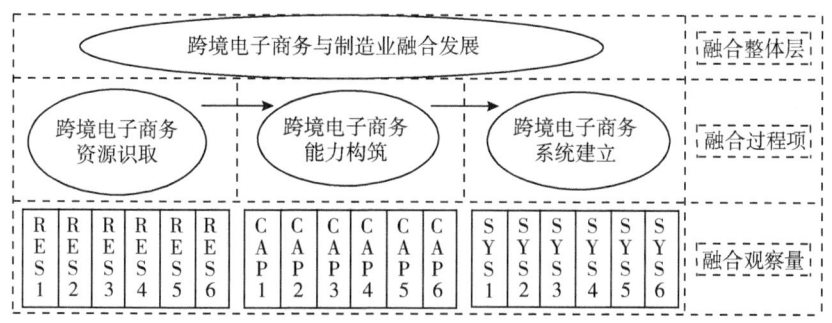

图5-1 跨境电子商务与制造业融合发展识别模型

从该模型可以看出，跨境电子商务与制造业融合发展作为融合整体层，包含3个融合阶段，分别是跨境电子商务资源识取、跨境电子商务能力构筑和跨境电子商务系统建立，而每个融合过程项又包含6个融合观察量。观察量名称及其含义解释参见表5-1。

第二节 融合发展模型变量选取与数据收集

一、融合发展模型变量选取

由于跨境电子商务是近年来刚刚兴起的新事物，针对跨境电子商务发展的研究还处于初级探索阶段，目前理论界关于跨境电子商务与制造业融合发展的研究文献很有限，也不存在比较完整和成熟的测量指标体系，所以对融合发展识别模型还需要开发新的量表。本章针对跨境电子商务与制造业融合发展的量表开发经历了3个阶段：第一阶段，查阅大量的关于制造业实施电子商务的研究文献，尽可能地借用在已有研究中经过实践验证的测量项，从而保证新开发量表具有较好的效度；第二阶段，成立专门的量表开发讨论小组，小组由1位电子商务专业教授、1位产业经济学教授、1位国际贸易专业教授、1位信息技术专业教授和5位相关专业副教授、博士构成，针对已经形成的28个观察变量进行筛选和修改，最后保留了22个测量项；第三阶段，则是量表的预测试和预调研,通过对 20 家制造业企业进行走访调研,结合制造业企业跨境电子商务实践运作和电商部门负责人意见,对测量问题项做了最后修正,最终形成 18 个观察变量。各观察变量的名称和所表示内容参见表 5-1。

表 5-1 跨境电子商务与制造业融合发展模型变量及解释

测量维度	变量名称	变量描述
跨境电子商务资源识取（RES）	RES1	进出口国家电子商务发展
	RES2	合作企业电子商务应用
	RES3	供应商网络支付系统
	RES4	客户网络支付
	RES5	电子口岸资源
	RES6	电子商务供应链
跨境电子商务能力构筑（CAP）	CAP1	国际市场网络广告宣传
	CAP2	国际网络销售渠道构建
	CAP3	电子支付工具应用
	CAP4	电子信用证的应用
	CAP5	电子报关的实现
	CAP6	物流信息技术的应用
跨境电子商务系统建立（SYS）	SYS1	供应商关系
	SYS2	客户关系管理
	SYS3	第三方支付的对接
	SYS4	电子通关系统
	SYS5	海关税费征收系统
	SYS6	物流数据处理中心

为了提高被调查人员回答问题的准确性,同时为了在后续问卷数据处理过程中如果出现疑惑可以再次联系受访者,问卷要求被调查人员说明他们在

企业中的部门和职位，并且尽可能留下联系方式。问卷的调查内容总体可以分为两个部分：第一部分为制造业企业背景材料，主要包括经济类型、企业规模、所属行业、营业收入等内容；第二部分主要是了解制造业企业跨境电子商务的实施程度，测量题目采用李克特7点量表法进行，1表示"非常不同意"，2表示"不同意"，3表示"稍许不同意"，4表示"不同意不反对"，5表示"稍许同意"，6表示"同意"，7表示"非常同意"，被调查者可以根据企业实际情况选择其中一个数字。

二、数据收集

2016年7—8月，课题组对河南省内制造业企业进行问卷调查，共发放问卷290份，收回236份，回收率为81.38%，其中有效问卷206份，有效率为87.29%。对所收集到的观察量进行描述性统计见表5-2。

根据Kline的判断标准，若变量的偏度系数值小于3，峰度系数值小于8，则可以认为变量服从正态分布。从表5-2可以看出，所有测量项的均值介于3.59和4.55之间，Skewness值介于-0.316和0.097之间，Kurtosis值介于-1.012和-0.308之间，所以，本研究所收集到的测量项的数据服从正态分布。

表5-2 各测量项含义及数据描述性统计

融合观察量	均值	标准差	偏度	峰度
RES1	4.30	1.483	-0.013	-0.453
RES2	4.17	1.529	0.008	-0.603
RES3	4.18	1.472	-0.120	-0.324
RES4	4.22	1.503	-0.056	-0.469
RES5	4.28	1.414	-0.217	-0.104
RES6	4.03	1.552	-0.183	-0.559
CAP1	4.55	1.648	-0.316	-0.637
CAP2	4.11	1.504	-0.297	-0.352
CAP3	4.06	1.516	-0.252	-0.308
CAP4	3.63	1.722	-0.043	-0.889

续表

融合观察量	均值	标准差	偏度	峰度
CAP5	3.59	1.808	0.097	-1.011
CAP6	4.02	1.692	-0.148	-0.574
SYS1	3.99	1.869	-0.085	-1.012
SYS2	4.33	1.681	-0.144	-0.648
SYS3	4.17	1.645	-0.216	-0.654
SYS4	4.06	1.530	-0.124	-0.309
SYS5	4.02	1.549	-0.112	-0.496
SYS6	3.72	1.573	-0.050	-0.579

第三节 探索性因子分析和验证性因素分析

一、探索性因子分析

探索性因子分析的目标是要建立识别模型的结构效度。本研究使用SPSS软件对所收集到的206家企业的数据进行探索性因子分析，对数据进行KMO和Bartlett's球型检验可得：KMO=0.854，Bartlettt's球型值=189.674，sig=0.000。KMO值大于0.7且越接近1则认为越适合做探索性因子分析；sig值小于0.05则拒绝原假设相关矩阵为单位阵，说明变量间存在相关关系，则适合做因子分析。以最大主成分法进行因子提取，以最大方差法进行因子转轴，分析结果见表5-3。

表5-3 探索性因素分析结果

测量项	变量共度	因子载荷			旋转后因子载荷		
		1	2	3	1	2	3
RES1	0.765	0.676	-0.484	0.273	0.856	0.097	0.154
RES2	0.724	0.615	-0.498	0.312	0.839	0.026	0.142
RES3	0.797	0.700	-0.499	0.239	0.873	0.132	0.134

续表

测量项	变量共度	因子载荷			旋转后因子载荷		
		1	2	3	1	2	3
RES4	0.634	0.684	−0.404	−0.053	0.710	0.361	0.008
RES5	0.574	0.635	−0.397	−0.112	0.657	0.375	−0.046
RES6	0.604	0.641	−0.410	0.159	0.748	0.177	0.116
CAP1	0.195	0.245	−0.224	−0.291	0.232	0.307	−0.217
CAP2	0.625	0.613	0.027	−0.498	0.229	0.756	−0.019
CAP3	0.558	0.690	0.074	−0.277	0.308	0.656	0.182
CAP4	0.591	0.647	0.262	−0.322	0.134	0.712	0.256
CAP5	0.451	0.564	0.236	−0.278	0.111	0.621	0.231
CAP6	0.633	0.627	0.258	−0.417	0.096	0.768	0.186
SYS1	0.565	0.347	0.431	0.509	0.063	−0.038	0.748
SYS2	0.538	0.404	0.389	0.473	0.118	0.013	0.724
SYS3	0.658	0.519	0.565	0.263	0.006	0.286	0.759
SYS4	0.509	0.651	0.264	0.122	0.263	0.391	0.535
SYS5	0.606	0.643	0.426	0.101	0.137	0.445	0.624
SYS6	0.523	0.576	0.437	0.013	0.061	0.470	0.547

分析结果存在3个数值加大的特征根，分别为6.372、2.566和1.611，提取3个因子分别为跨境电子商务资源识取、跨境电子商务能力构筑和跨境电子商务系统建立，总变异解释量分别为35.400%、14.257%和6.537%，累计方差贡献率达58.607%。从以上数据可以看出，本研究所建立的跨境电子商务与制造业融合识别模型具有较好的结构效度。

二、验证性因素分析

验证性因素分析目标是检验跨境电子商务与制造业融合识别模型的适切性与真实性。本研究采用AMOS软件，采用极大似然估计法对识别模型进行验证性因素分析,以显示其拟合优度及路径显著性水平。分析显示,各融合观察量在其相对应的融合过程项上标准化因子载荷进行 t 检验时,在 P 值小于 0.001 的条件下具有很强的显著性,同时,3 个融合过程项之间也显示具有显著相关性,说明跨境电子商务和制造业融合过程项之上还存在一个更高级的整体项,即跨境电子商务与制造业融合整体层,由此我们可以进一步对整体层模型也进行契合性检验。测量模型与所收集数据契合性的指标称之为拟合优度指标,分为绝对拟合优度指标(absolute fit measure)、相对拟合优度指标(relative fit measure)和简约拟合优度指标(parsimonious fit measure)。本研究中这 3 类指标的计算结果和参考范围见表 5-4。

表 5-4 模型拟合优度指标及参考范围

指标分类	指标名称	过程项模型	整体层模型	参考范围
绝对拟合指标	CMIN/DF	1.7432	1.8625	< 2.0
	RMSEA	0.0648	0.0527	< 0.08 越小越好
相对拟合指标	GFI	0.9265	0.9671	> 0.90 越接近 1 越好
	AGFI	0.9043	0.9251	> 0.90 越接近 1 越好
	NFI	0.9506	0.9512	> 0.90 越接近 1 越好
	RFI	0.9320	0.9244	> 0.90 越接近 1 越好
	CFI	0.9578	0.9603	> 0.90 越接近 1 越好
	IFI	0.9537	0.9806	> 0.90 越接近 1 越好
简约拟合指标	PNFI	0.7436	0.7502	> 0.50 越接近 1 越好
	PGFI	0.6612	0.6579	> 0.50 越接近 1 越好
	PCFI	0.7546	0.7687	> 0.50 越接近 1 越好

第四节 跨境电子商务与制造业融合度测算

选择科学合理的测算指标体系是对跨境电子商务与制造业融合程度进行客观评价的基本前提。本研究依据具有较高信度和效度的跨境电子商务与制造业融合发展模型构建融合度的测算综合指标体系,使用 AHP、基于分配矩阵等方法确定各指标权重，运用模糊综合评价法对跨境电子商务与制造业融合度进行测算。

一、跨境电子商务与制造业融合度测算指标体系

跨境电子商务与制造业融合发展程度具有多方面的数量特征，需要设计和使用一系列相互联系的统计指标才能比较全面地了解融合发展总体的数量特征。跨境电子商务与制造业融合度测算指标体系由系列指标构成，但并不是单个指标的简单相加，需要衡量融合度的各指标之间应该相互联系和相互制约。通过一套科学的测算指标体系，可以实现对跨境电子商务与制造业融合发展过程多角度、广视野、更全面的认识，可以从统计指标的相互联系中再现制造业与跨境电子商务的内在联系。

1. 融合度测算指标体系的功能

（1）描述跨境电子商务与制造业融合发展状况

各个指标之间相互配合、相互补充，从不同方面来共同说明跨境电子商务与制造业之间融合发展的数量特征。通过该指标体系，可以定量化描述跨境电子商务与制造业融合发展的现状和动态，可以实现对制造业实施跨境电子商务战略总规模、总水平的把握。

（2）综合测算跨境电子商务与制造业融合发展水平

全面而合理的测算指标体系，可以实现对跨境电子商务与制造业融合发展水平的科学测算，是对制造业企业实施跨境电子商务之后的作用和效果的客观评价，可以对不同行业、不同区域和不同规模的制造业企业所取得的效果进行比较和分析。

（3）引导跨境电子商务与制造业融合发展方向

融合发展度测算指标体系另外一个重要功能就是对跨境电子商务与制造业融合发展能够起到一定的导向作用，能够发现制造业企业在实施跨境电子商务战略过程中的短板，为制造业企业未来的跨境电子商务发展提供借鉴和引导。

2. 融合度测算指标体系的设计原则

跨境电子商务与制造业融合指标体系的设计，应该根据测算的目的，确定需要观测和分析的维度，而且需要分清主次和轻重，然后在各个维度下设置

相应的统计指标，用系统的观点把它们组织起来，共同构成跨境电子商务与制造业融合度的测算指标体系框架。融合度测算指标体系的设计应该遵循以下原则。

（1）测算指标体系设计的目标性原则

测算指标体系的设计应该紧紧围绕测算目标，满足科学研究、制造业经济发展管理、企业和社会组织管理等不同需要。测算指标体系设计应避免受到过多与制造业企业实施跨境电子商务无关因素的干扰。

（2）测算指标体系设计的科学性原则

测算指标体系设计应该符合科学原理，所有指标能够比较全面、准确、客观地描述和反映跨境电子商务与制造业融合发展状况，从而了解和认识融合发展的本源性驱动力。对于跨境电子商务与制造业融合发展的每个测算指标的选取和确定都应该具有科学的依据，都需要经过充分的文献资料查询和调查研究，能够科学反映两者融合发展的内涵和外延方面的相关内容。

（3）测算指标体系设计的可行性原则

测算指标体系的设计应该确保每个指标都能准确计算出其数值，也就是说，选用的每个指标都应该有可靠的数据来源，并且应该尽量保证指标的计量手段和计算方法简便可行，跨境电子商务与制造业融合度测算中的每个指标都需要能够及时、准确地获取到数据。

（4）测算指标体系设计的层次性原则

测算指标体系设计应该体现跨境电子商务与制造业融合发展本质内涵的层次性，区分出总体层、子目标层等层次，并梳理出各层次系统之间的关系，从而使不同层次系统都有相应的指标体系来反映其数量特征，有助于我们既认识跨境电子商务与制造业融合发展总体数量特征，又可以认识更详细、更具体的子系统的数量特征。

（5）测算指标体系设计的联系性原则

跨境电子商务与制造业融合度的测算指标体系内部的各个指标之间应该相互联系，避免所指征信息的重复和遗漏。在若干能够反映二者融合发展的某一方面数量特征指标中，则选择最具有代表性的指标，保证各个维度都有一定的指标来描述和反映，共同构成一个联系性强、互补性强的完整指标体系。

（6）测算指标体系设计的协调性原则

跨境电子商务与制造业融合发展度测算的各个指标之间相互协调一致，在计算方法、计算口径、计算内容等方面相互衔接，不能够出现相互矛盾、相互抵触的指标；指标设计应该从客观设计出发，结合制造业企业的条件和需要，灵活地加以确定。

（7）测算指标体系设计的公平性原则

跨境电子商务与制造业融合度测算指标体系的构建，必须保证针对任何一家制造业企业、任何一个区域都是公平的，而且是可以比较的。指标体系当中，不能存在针对某些测算对象的倾向性指标或者是歧视性指标，针对所有企业、区域的测算指标都应该是同类别和同性质的。

3. 测算指标体系的结构

测算指标体系的结构实际上就是一个层次模型，该层次模型反映了各指标之间的相互关系，被测算的目标对象自身结构越是复杂，所构建的指标体系的层次一般就会越多。最为普遍的就是"三层结构"体系，如图5-2所示。

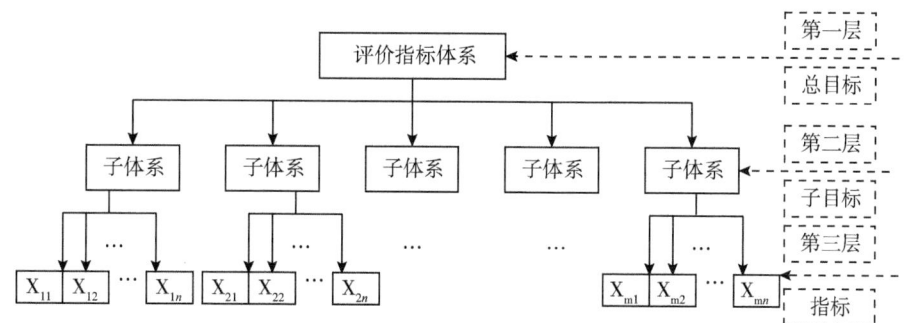

图5-2 三层综合测算指标体系结构

跨境电子商务与制造业融合发展度的测算是一个复杂的综合评价问题，测算指标体系也呈现多层次性，本研究采用图5-2中的三层测算指标体系结构，并且该体系结构在融合发展识别模型的检验中已经具有良好的效果。融合发展模型中的融合整体层"跨境电子商务与制造业融合发展"作为测算指标体系的总目标，即第一层；融合发展过程项"跨境电子商务资源整合""跨境电子商务能力形成""跨境电子商务系统建立"作为测算指标体系的3个子目标，即第二层；18个观察变量作为测算指标，即测算指标体系的第三层。

4. 测算指标体系的构建

跨境电子商务与制造业融合发展模型具有较高的信度和效度，本身就是一个测算二者融合度的优良指标体系框架，发展模型当中的融合总体层、融合过程项和观测项本身就可以作为一套非常合理的测算指标体系。将融合发展模型和三层测算指标体系结构相结合，确定跨境电子商务与制造业融合度测算指标体系如表5-5所示。

表5-5 跨境电子商务与制造业融合度测算指标体系

一级指标	二级指标	指标属性
跨境电子商务资源识取（RES）	进出口国家电子商务展（RES1）	正指标
	合作企业电子商务应用（RES2）	正指标
	供应商网络支付系统（RES3）	正指标
	客户网络支付（RES4）	正指标
	电子口岸资源（RES5）	正指标
	电子商务供应链（RES6）	正指标
跨境电子商务能力构筑（CAP）	国际市场网络广告宣传（CAP1）	正指标
	国际网络销售渠道构建（CAP2）	正指标
	电子支付工具应用（CAP3）	正指标
	电子信用证的应用（CAP4）	正指标
	电子报关的实现（CAP5）	正指标
	物流信息技术的应用（CAP6）	正指标
跨境电子商务系统建立（SYS）	供应商关系（SYS1）	正指标
	客户关系管理（SYS2）	正指标
	第三方支付的对接（SYS3）	正指标
	电子通关系统（SYS4）	正指标
	海关税费征收系统（SYS5）	正指标
	物流数据处理中心（SYS6）	正指标

二、跨境电子商务与制造业融合度测算指标的权数

1. 融合度测算指标权数的意义

在使用多指标综合测算跨境电子商务与制造业融合度时，需要对每个指标的权重进行确定，因为每个指标的特点、意义和所包含的融合度的信息量都是不一样的。跨境电子商务与制造业融合度测算指标权重确定的一个基本原则就是：指标的重要程度越大，该指标被赋予的权重就应该越大，进而对最终的测算值的影响就越大。也就是说，指标权重就代表着该指标在融合度测算指标体系中的重要性大小。指标权重的确定是跨境电子商务与制造业融合度测算中的一个关键要素，因为在每个指标值已经确定的前提下，指标权重在相当程度上决定着最终融合度的测算结果。

2. 融合度测算指标权数的特征

指标权重是跨境电子商务与制造业融合度指标的重要程度被量化后的数值表现，是对融合度测算最终值影响程度的数量反映，同时也是测算指标所包含二者融合信息量多少的区分性表现，代表测量指标的可靠性程度。

（1）模糊性

融合度测算指标的权数虽然是一个针对跨境电子商务与制造业融和发展水平影响程度的量化结果，但其实质上并不是一个绝对精确的数量，而是一个相对精确的模糊数量，只是对制造业企业跨境电子商务发展状况的一个程度上的区分。

（2）人工性

融合度测算指标的权重是通过一定计算规则和方法人工构造出来的，不存在绝对的精准性，因为不同权重构造方法所得到权重数值的大小都会存在一定的差异，选择哪种权数构造方法和使用哪种评价方法会在一定程度上受到评价者认识水平的影响。

（3）主观性

由于跨境电子商务与制造业融合测算指标的权重构造的模糊性和人工性特征，从而使权数也同时具备了主观性特征，权重大小的确定，指标之间重要性的衡量本身就带有评价者和专家一定的主观判断性。因为二者的融合度测算指标目前还没有成熟的权重数值体系可供选择和使用，必须采用一种评价者认为相对合理的构权方法去确定权数，在构权方法的选择上也会受到评价者的主观认识影响。

3. 融合度测算一级指标权重的确定

美国著名运筹学家、匹兹堡大学教授萨蒂（T. L. Satty）提出的层级分析法（AHP），是目前在综合测算实践中应用最为广泛的权数构造方法。采用层级分析法进行构权，更加注重权值的精确度。本研究采用层级分析法对跨境电子商务与制造业融合度测算的一级指标进行权重构造。

跨境电子商务与制造业融合度测算一级指标共有 3 项，分别记为 I_1、I_2、I_3，构权过程如下。

第一步，通过将融合度测算指标体系中的 3 个一级指标进行两两比较，确定各指标之间重要性比较的比例判断矩阵，记为 A，即：

$$A = \begin{bmatrix} a_{11} & a_{12} & a_{13} \\ a_{21} & a_{22} & a_{23} \\ a_{31} & a_{32} & a_{33} \end{bmatrix}。 \qquad (5-1)$$

其中，a_{ij} 代表第 i 指标的重要性是第 j 指标重要性的倍数，即分别对第 i 指标的重要性和第 j 指标重要性给与量化值 w_i 和 w_j，分别表示 i 指标和 j 指标重要性分数，则有：

$$a_{ij} = \frac{w_i}{w_j}。 \qquad (5-2)$$

确定 a_{ij} 的标准有很多种，主要有 5/5~9/1 标度体系、9/9~9/1 标度体系等，见表 5-6。

表 5-6 指标权重标度体系

5/5~9/1 标度体系	9/9~9/1 标度体系	$9^{k/9}$ 标度体系	比较的含义
5/5=1	9/9=1	$9^{0/9}=1$	一样重要
6/4=1.5	9/7=1.286	$9^{1/9}=1.276$	稍微重要
7/3=2.333	9/5=1.8	$9^{3/9}=2.080$	明显重要
8/2=4	9/3=3	$9^{6/9}=4.327$	强烈重要
9/1=9	9/1=1	$9^{9/9}=9$	极端重要
6.5/3.5 5.5/4.5	9/8 9/6	$9^{2/9}$ $9^{4/9}$	介于上述等级之间
7.5/2.5 8.5/1.5	9/4 9/2	$9^{5/9}$ $9^{7/9}$ $9^{8/9}$	

本研究在指标权重确定过程中，为了提高跨境电子商务与制造业融合度测算各项指标权重的准确性，通过咨询电子商务专业和国际贸易专业教授、企业跨境电子商务业务负责人、政府部门相关负责人等，对各项指标进行评定，经过多次讨论反馈，使得各位专家意见趋于一致，得到判断矩阵 A。

$$A = \begin{bmatrix} 5/5 & 5/5 & 4/6 \\ 5/5 & 5/5 & 4/6 \\ 6/4 & 6/4 & 5/5 \end{bmatrix}$$

第二步，根据 A 矩阵，求解权值 W，可以将 W 记作：

$$W = (w_1 \quad w_2 \quad w_3)^T 。 \tag{5-3}$$

利用行算术平均法（RAM）计算 W，逐行计算 A 矩阵的行算术平均值 $\overline{R_i}$（i 为 1，2，…，n）：

$$\overline{R_i} = \frac{1}{n} \sum_{j}^{n} a_{ij}, \quad i \text{ 为 } 1, 2, \cdots, n 。 \tag{5-3}$$

对行算术平均值进行归一化，记为计算的权重 w_i，计算公式为：

$$w_i = \frac{\overline{R_i}}{\sum_{j=1}^{n} \overline{R_i}} 。 \tag{5-4}$$

最终算出跨境电子商务价值一级指标的权向量 $W = (0.30 \quad 0.30 \quad 0.40)^T$。

第三步，计算一致性比率 CR，用来检验所构造出的判断矩阵 A 及由判断矩阵所导出的权向量 W 的合理性，一致性比率 CR 的计算公式为

$$CR = \frac{CI}{RI} 。 \tag{5-5}$$

其中，RI 为同阶平均随机一致性指标，CI 为一致性指标，其计算公式为

$$CI = \frac{\lambda_{\max} - n}{n - 1} 。 \tag{5-6}$$

其中，$\lambda_{\max}$ 为判断矩阵 A 的最大特征根，对于任何正的判断矩阵 A，均有 $\lambda_{\max} \geq n$，并且判断矩阵的一致性越高，$\lambda_{\max}$ 越接近 n。当判断矩阵完全一致时，A 的非零特征根是唯一的，且为 n。所以，CI 是衡量判断矩阵一致性水平的重要指标，通过对比计算 CR，CR 越小对于判断矩阵不一致性的容忍程度越高，目前实践中通常采用的是 Satty 提出的 $CR \leq 10\%$ 的标准。$\lambda_{\max}$ 的计算公式为

$$\lambda_{\max} = \frac{1}{n} \sum_{i=1}^{n} \frac{(AW)_i}{w_i} 。 \tag{5-7}$$

其中$(AW)_i$为AW的第i个元素。

$$AW = \begin{bmatrix} 5/5 & 5/5 & 4/6 \\ 5/5 & 5/5 & 4/6 \\ 6/4 & 6/4 & 5/5 \end{bmatrix} \begin{bmatrix} 0.3 \\ 0.3 \\ 0.3 \end{bmatrix} = \begin{bmatrix} 0.866\,667 \\ 0.866\,667 \\ 1.300\,000 \end{bmatrix}。$$

经计算得到如下结果：

$$\lambda_{max} = + \frac{1}{3}\left(\frac{0.866\,667}{0.3} + \frac{0.866\,667}{0.3} + \frac{1.300\,000}{0.4}\right)$$

$$= 3.01。$$

计算一致性指标 $3.01CI$：

$$CI = \frac{\lambda_{max} - n}{n - 1}$$

$$= \frac{3.01 - 3}{3 - 1} = 0.005。$$

此时可以得出，$\lambda_{max} = 3.01$，与$n=3$非常接近，此时可以计算出$CI=0.005$，CI是衡量判断矩阵一致性水平的重要指标，CI越小，判断矩阵A的一致性程度越高。

构造判断矩阵A时所采用的是$5/5\sim9/1$标度，$n=3$时，则查表可得$RI=0.1690$，可以计算出：

$$CR = \frac{CI}{RI} = \frac{0.05}{0.1690} = 0.0296 \leqslant 10\%。$$

所以，可以认为判断矩阵A的一致性程度是比较高的，所构的权数也是合理的。

4. 融合度测算二级指标权重的确定

通过构造判断矩阵A对跨境电子商务与制造业融合度测算指标体系的一级指标进行了构权，矩阵A中的元素由两项一级指标重要性的量化值相对比而得到，即矩阵中的每个要素为一个比较相对数。基于这一思路，我国著名综合评价专家苏为华提出了采用结构相对数来构建A矩阵元素，结构相对数相较于比较相对数作为判断矩阵的要素具有更加直观的意义。本研究采用基于分配型判断矩阵的构权方法，对融合度测算指标体系中的二级指标进行权数构建。

第一步：对融合度测算指标体系中二级指标的重要性进行两两比较，进行权值二元分配，构造分配型判断矩阵 C。

$$C = \begin{pmatrix} c_{11} & \cdots & a_{1n} \\ \vdots & \ddots & \vdots \\ c_{n1} & \cdots & a_{nn} \end{pmatrix}。 \quad (5-8)$$

其中，c_{ij} 表示融合度测算指标体系中二级指标 i 与二级指标 j 重要性的二元分配的一个结构相对数，则有如下条件成立：

$$c_{ij} = \frac{w_i}{w_i + w_j},$$
$$c_{ij} = 0.5,$$
$$c_{ij} = 1 - c_{ji},$$
$$c_{ij} \cdot c_{jk} \cdot c_{ki} = c_{ji} \cdot c_{ik} \cdot c_{kj}。 \quad (5-9)$$

进行两两比较之后进行融合度测算二级指标重要性权数分配，具有更加直观、容易把握的优点。如果跨境电子商务与制造业融合度测算指标体系中的两个二级指标权重结构相对数确实难以给出时，也可以参照分配值标度体系[①]，见表5-7。

表5-7 重要性权向量二元分配标度值

含义	c_{ij} 值	c_{ji} 值
i 指标比 j 指标一样重要	0.50	0.50
i 指标比 j 指标稍微重要	0.55	0.45
i 指标比 j 指标明显重要	0.60	0.40
i 指标比 j 指标强烈重要	0.70	0.30
i 指标比 j 指标极端重要	0.90	0.10

第二步：利用倒数行和法，根据分配型矩阵 C 求解融合度测算指标中二级指标的统计权数向量 w。先对分配矩阵 C 进行倒数化处理，得到新矩阵 M。

---

① 苏为华．多指标综合评价理论与方法［M］．北京：中国物价出版社，2002：113．

$$M = \begin{pmatrix} \dfrac{1}{c_{11}} & \cdots & \dfrac{1}{c_{1n}} \\ \vdots & \ddots & \vdots \\ \dfrac{1}{c_{n1}} & \cdots & \dfrac{1}{c_{nn}} \end{pmatrix} 。 \tag{5-10}$$

计算 M 矩阵的行和值 R_i（$i=1, 2, \cdots, n$）。

$$R_i = \sum_{j=1}^{n} M_{ij} = \sum_{j=1}^{n} \dfrac{1}{c_{ij}} 。 \tag{5-11}$$

计算第 i 个跨境电子商务价值二级指标的绝对权值 T_i：

$$T_i = \dfrac{1}{R_i - 1} 。 \tag{5-12}$$

对绝对权值 T_i 进行归一化处理，计算融合度测算指标体系中二级指标的比重权数 w_i，则有：

$$w_i = \dfrac{T_i}{\sum T}, (i=1, 2, \cdots, n)。 \tag{5-13}$$

根据以上方法和步骤，计算每个一级指标下辖的各个二级指标的权数，经计算，跨境电子商务资源识取一级指标下的 6 个二级指标的权向量为：

$$w_M = (0.10 \quad 0.10 \quad 0.20 \quad 0.20 \quad 0.20 \quad 0.20)^T 。$$

跨境电子商务能了形成一级指标下属的 6 个二级指标的权向量为：

$$w_P = (0.20 \quad 0.20 \quad 0.20 \quad 0.10 \quad 0.20 \quad 0.10)^T 。$$

跨境电子商务系统建立一级指标下属的 6 个二级指标的权向量为：

$$w_C = (0.20 \quad 0.20 \quad 0.20 \quad 0.20 \quad 0.10 \quad 0.10)^T 。$$

根据已经计算出来的一级指标的权向量 $W = (030 \quad 0.30 \quad 0.40)^T$，结合各自所属的二级融合度综合测算指标的权向量，可以计算出 18 个二级指标在总融合度测算当中的权向量：

$$w = (w_1 \quad w_2 \quad \cdots \quad w_{18})^T$$
$$= (0.03 \quad 0.03 \quad \cdots \quad 0.04)^T 。$$

三、跨境电子商务与制造业融合度综合测算

1. 模糊综合评价方法的选择

模糊概念是指外延边界不清晰、不明确的概念，例如，现代化城市和非

现代化城市之间、高收入和低收入之间没有明确的界限。模糊数学是解决模糊现象的一个数学分支,是对只以精确数量为研究目标的传统数学的发展和补充。

模糊评价方法是在对经济问题和管理问题评价时广泛应用的一种多指标综合评价方法,因为被评价对象在某一方面价值水平的高低本身就是模糊的。例如如何确定城市经济发展潜力、如何确定企业竞争力水平的高低、如何确定一个区域经济市场化水平的高低等,这些都是模糊的概念,借助模糊数学方法来对这些问题做出评价就显示出其必要性与可行性。模糊综合评价和模糊模型识别是模糊数学中两个重要的研究内容,模糊综合评价法成为目前多指标评价实践中应用最广的方法之一,被广泛应用于经济问题评价、管理问题评价、环境评价等众多领域。所以,本研究采用模糊综合评价方法,对跨境电子商务与制造业融合度进行测度。

2. 模糊综合评价步骤

跨境电子商务与制造业融合度模糊综合评价过程包括以下几个步骤:

第一步:按照模糊数学的提法,将跨境电子商务与制造业融合度综合评价指标体系确定为模糊评价的因素论域,记为 U。U 包含了 18 个指标,则有:

$$U = (U_1, U_2, U_3, \cdots, U_{18})。$$

第二步:根据对融合度测算指标体系中所包含的 18 个指标进行价值水平判断,确定融合度的评语等级论域,记为 V。其中 $V_1, V_2, V_3, \cdots, V_7$ 分别为"非常低""低""较低""一般""较高""高""非常高",评语等级论域对应测量题项的 7 点量表,则有:

$$V = (V_1, V_2, V_3, \cdots, V_7)。$$

第三步:确定跨境电子商务与制造业融合度指标体系当中每项指标的重要性权数,记为 W。本研究已经采用 AHP 构权方法和基于分配型判断矩阵构权方法对融合度综合评价指标体系的一级和二级指标重要性权数进行构造确定,所以有:

$$W = (w_1, w_2, \cdots, w_{18})^T$$
$$= (0.03, 0.03, \cdots, 0.04)^T。$$

第四步:建立跨境电子商务与制造业融合度模糊关系矩阵 $R = (r_{ij})_{p \times m}$,$r_{ij}$ 表示被评价对象第 i 项指标隶属于第 j 评语等级的程度。其中 $p = 18$,$m = 7$。

$$R = \begin{bmatrix} r_{1,1} & \cdots & r_{1,7} \\ \vdots & \ddots & \vdots \\ r_{18,1} & \cdots & r_{18,7} \end{bmatrix}。 \quad (5-14)$$

第五步：计算跨境电子商务与制造业融合度模糊综合值B，其中：

$$B = (b_1, b_2, \ldots, b_7) = W \odot R。 \quad (5-15)$$

公式当中的"$\odot$"称为模糊算子。本研究采用最适合综合评价的"普通乘与加运算"，从而B的运算就是普通的矩阵运算，计算结果为跨境电子商务与制造业融合度各个指标隶属于各个评语等级的总程度。

$$B = W \odot R = \begin{bmatrix} w_1 \\ w_2 \\ \vdots \\ w_{18} \end{bmatrix}^T \odot \begin{bmatrix} r_{1,1} & \cdots & r_{1,7} \\ \vdots & \ddots & \vdots \\ r_{18,1} & \cdots & r_{18,7} \end{bmatrix}。 \quad (5-16)$$

第六步：计算跨境电子商务与制造业融合度评价单点值y，因为跨境电子商务与制造业融合度的隶属度是基于7个评语等级给出，则融合度模糊综合值向量B中的元素需要进行合成。根据如下公式进行单点合成值计算：

$$y = \sum_{i=1}^{7} t_i b_i。 \quad (5-17)$$

其中，t_i表示评语等级V_i的量化值。目前，关于评语等级的量化，无论是理论界还是实际应用中都还没有给出很好的规定。为了尽量避免随意性，同时兼顾评价结果的直观性，通常先确定中间等级的量化值，再根据中间等级量化值向高和低两个方向增加和减少，根据与相关专家进行咨询讨论，本研究将"一般"等级量化为70分。本文将评语等级"非常低、低、较低、一般、较高、高、非常高"分别量化为"40分、50分、60分、70分、80分、90分、100分"，进而计算出相应的模糊评价点值。

3. 融合度模糊综合评价

利用来自河南省的206家制造业企业的调查数据，对跨境电子商务与制造业融合度进行模糊综合评价。

（1）跨境电子商务与制造业融合度指标模糊隶属关系矩阵

评语论域V由（非常低、低、较低、一般、较高、高、非常高）构成，融合度测算的每个指标隶属于特定评语等级的"模糊隶属度"构成了相应的模糊关系矩阵R。从河南省206家企业的调查数据出发，对企业跨境电子商务与制造业融合度作频率统计,参见表5-8。

表5-8 跨境电子商务与制造业融合度频率统计

综合评价一级指标和二级指标		不同价值水平的企业数量					
		非常低	低	较低	一般	较高	高	非常高
跨境电子商务资源识取	进出口国家电子商务展	7	13	44	51	48	25	18
	合作企业电子商务应用	8	21	40	55	38	29	15
	供应商网络支付系统	10	15	39	56	49	24	13
	客户网络支付	8	19	37	54	48	24	16
	电子口岸资源	8	15	29	62	56	23	13
	电子商务供应链	16	18	38	53	43	29	9
跨境电子商务能力形成	国际市场网络广告宣传	9	18	27	37	55	31	29
	国际网络销售渠道构建	15	15	34	55	52	26	9
	电子支付工具应用	17	13	36	58	49	23	10
	电子信用证的应用	37	17	37	49	35	23	8
	电子报关的实现	37	28	32	40	36	21	12
	物流信息技术的应用	24	14	31	57	42	20	18
跨境电子商务系统建立	供应商关系	29	20	33	36	40	26	22
	客户关系管理	14	15	32	54	37	28	26
	第三方支付的对接	17	16	35	48	42	33	15
	电子通关系统	15	16	36	59	48	18	14
	海关税费征收系统	15	19	40	50	49	21	12
	物流数据处理中心	24	21	42	53	41	17	8

根据表5-8计算跨境电子商务与制造业融合度指标项目对各评语等级的隶属度,计算结果见表5-9。

表 5-9 融合度各指标模糊隶属关系矩阵

评价指标及相应权重		不同价值水平的企业数量						
		非常低	低	较低	一般	较高	高	非常高
跨境电子商务资源识取（0.30）	进出口国家电子商务展（0.10）	0.034	0.063	0.214	0.248	0.233	0.121	0.087
	合作企业电子商务应用（0.10）	0.039	0.102	0.194	0.267	0.184	0.141	0.073
	供应商网络支付系统（0.20）	0.049	0.073	0.189	0.272	0.238	0.117	0.063
	客户网络支付（0.20）	0.039	0.092	0.180	0.262	0.233	0.117	0.078
	电子口岸资源（0.20）	0.039	0.073	0.141	0.301	0.272	0.112	0.063
	电子商务供应链（0.20）	0.078	0.087	0.184	0.257	0.209	0.141	0.044
跨境电子商务能力形成（0.30）	国际市场网络广告宣传（0.20）	0.044	0.087	0.131	0.180	0.267	0.150	0.141
	国际网络销售渠道构建（0.20）	0.073	0.073	0.165	0.267	0.252	0.126	0.044
	电子支付工具应用（0.20）	0.083	0.063	0.175	0.282	0.238	0.112	0.049
	电子信用证的应用（0.10）	0.180	0.083	0.180	0.238	0.170	0.112	0.039
	电子报关的实现（0.20）	0.180	0.136	0.155	0.194	0.175	0.102	0.058
	物流信息技术的应用（0.10）	0.117	0.068	0.150	0.277	0.204	0.097	0.087
跨境电子商务系统建立（0.40）	供应商关系（0.20）	0.141	0.097	0.160	0.175	0.194	0.126	0.107
	客户关系管理（0.20）	0.068	0.073	0.155	0.262	0.180	0.136	0.126
	第三方支付的对接（0.20）	0.083	0.078	0.170	0.233	0.204	0.160	0.073
	电子通关系统（0.20）	0.073	0.078	0.175	0.286	0.233	0.087	0.068
	海关税费征收系统（0.10）	0.073	0.092	0.194	0.243	0.238	0.102	0.058
	物流数据处理中心（0.10）	0.117	0.102	0.204	0.257	0.199	0.083	0.039

以"进出口国家电子商务发展"和"合作企业电子商务应用"两个指标为例来说明隶属度的计算方法，计算过程如下。

进出口国家电子商务发展：

$$\left(\frac{7}{206} \quad \frac{13}{206} \quad \frac{44}{206} \quad \frac{51}{206} \quad \frac{48}{206} \quad \frac{25}{206} \quad \frac{18}{206}\right)$$

$$= (0.034 \quad 0.063 \quad 0.214 \quad 0.248 \quad 0.233 \quad 0.121 \quad 0.087)_\circ$$

合作企业电子商务应用：

$$\left(\frac{8}{206} \quad \frac{21}{206} \quad \frac{40}{206} \quad \frac{55}{206} \quad \frac{38}{206} \quad \frac{29}{206} \quad \frac{15}{206}\right)$$

$$= (0.039 \quad 0.102 \quad 0.194 \quad 0.267 \quad 0.184 \quad 0.141 \quad 0.073)_\circ$$

按照"进出口电子商务发展"和"合作企业电子商务应用"指标对评语等级隶属度的计算方法，可以计算出其他跨境电子商务与制造业融合度综合评价指标项目对各个评语等级的隶属度。

（2）跨境电子商务与制造业融合度合成值计算

本研究采用普通乘与加算子，跨境电子商务与制造业融合度模糊合成过程等同于矩阵之间的乘法运算。为了对跨境电子商务与制造业融合发展情况进行分模块具体分析，可以分别对跨境电子商务与制造业融合度测算指标体系中的一级指标进行模糊合成，合成结果如下。

"跨境电子商务资源识取"一级指标模糊合成值计算：

$$B_{RES} = \begin{bmatrix} 0.10 \\ 0.10 \\ 0.20 \\ 0.20 \\ 0.20 \\ 0.20 \end{bmatrix}^T \begin{bmatrix} 0.0340 & 0.0631 & 0.2136 & 0.2476 & 0.2330 & 0.1214 & 0.0874 \\ 0.0388 & 0.1019 & 0.1942 & 0.2670 & 0.1845 & 0.1408 & 0.0728 \\ 0.0485 & 0.0728 & 0.1893 & 0.2718 & 0.2379 & 0.1165 & 0.0631 \\ 0.0388 & 0.0922 & 0.1796 & 0.2621 & 0.2330 & 0.1165 & 0.0777 \\ 0.0388 & 0.0728 & 0.1408 & 0.3010 & 0.2718 & 0.1117 & 0.0631 \\ 0.0777 & 0.0874 & 0.1845 & 0.2573 & 0.2087 & 0.1408 & 0.0437 \end{bmatrix}$$

$$= [0.0481 \quad 0.0816 \quad 0.1796 \quad 0.2669 \quad 0.2320 \quad 0.1233 \quad 0.0655]_\circ$$

"跨境电子商务能力形成"一级指标模糊合成值计算：

$$B_{CAP} = \begin{bmatrix} 0.20 \\ 0.20 \\ 0.20 \\ 0.10 \\ 0.20 \\ 0.10 \end{bmatrix}^T \begin{bmatrix} 0.0437 & 0.0874 & 0.1311 & 0.1796 & 0.2670 & 0.1505 & 0.1408 \\ 0.0728 & 0.0728 & 0.1650 & 0.2670 & 0.2524 & 0.1262 & 0.0437 \\ 0.0825 & 0.0631 & 0.1748 & 0.2816 & 0.2379 & 0.1117 & 0.0485 \\ 0.1796 & 0.0825 & 0.1796 & 0.2379 & 0.1699 & 0.1117 & 0.0388 \\ 0.1796 & 0.1359 & 0.1553 & 0.1942 & 0.1748 & 0.1019 & 0.0583 \\ 0.1165 & 0.0680 & 0.1505 & 0.2767 & 0.2039 & 0.0971 & 0.0874 \end{bmatrix}$$

$$= [0.1053 \quad 0.0869 \quad 0.1583 \quad 0.2359 \quad 0.2238 \quad 0.1189 \quad 0.0709]_\circ$$

"跨境电子商务系统建立"一级指标模糊合成值计算：

$$B_{SYS} = \begin{bmatrix} 0.20 \\ 0.20 \\ 0.20 \\ 0.20 \\ 0.10 \\ 0.10 \end{bmatrix}^T \begin{bmatrix} 0.1408 & 0.0971 & 0.1602 & 0.1748 & 0.1942 & 0.1262 & 0.1068 \\ 0.0680 & 0.0728 & 0.1553 & 0.2621 & 0.1769 & 0.1359 & 0.1262 \\ 0.0825 & 0.0777 & 0.1699 & 0.2330 & 0.2039 & 0.1602 & 0.0728 \\ 0.0728 & 0.0777 & 0.1748 & 0.2864 & 0.2330 & 0.0874 & 0.0680 \\ 0.0728 & 0.0922 & 0.1942 & 0.2427 & 0.2379 & 0.1019 & 0.0583 \\ 0.1165 & 0.1019 & 0.2039 & 0.2573 & 0.1990 & 0.0825 & 0.0388 \end{bmatrix}$$

$$= [0.0917 \quad 0.0845 \quad 0.1718 \quad 0.2413 \quad 0.2058 \quad 0.1204 \quad 0.0845]。$$

根据已经计算出的3个融合度一级指标的合成值，我们可以采用下列方法计算跨境电子商务与制造业融合发展度总体合成值：

$$B = 0.3 \times B_{RES} + 0.3 \times B_{CAP} + 0.4 \times B_{SYS}$$

$$= 0.3 \times \begin{bmatrix} 0.0481 \\ 0.0816 \\ 0.1796 \\ 0.2699 \\ 0.2320 \\ 0.1233 \\ 0.0655 \end{bmatrix}^T + 0.3 \times \begin{bmatrix} 0.1053 \\ 0.0869 \\ 0.1583 \\ 0.2359 \\ 0.2238 \\ 0.1189 \\ 0.0709 \end{bmatrix}^T + 0.4 \times \begin{bmatrix} 0.0917 \\ 0.0845 \\ 0.1718 \\ 0.2413 \\ 0.2058 \\ 0.1204 \\ 0.0845 \end{bmatrix}^T$$

$$= [0.0827 \quad 0.0843 \quad 0.1701 \quad 0.2483 \quad 0.2191 \quad 0.1208 \quad 0.0747]。$$

（3）跨境电子商务与制造业融合度综合评价单点值计算

根据模糊合成结果，结合评价等级的赋值，可以计算综合评价单点值。本研究将评语等级"非常低、低、较低、一般、较高、高、非常高"分别量化为"40分、50分、60分、70分、80分、90分、100分"，进而计算出相应的模糊评价单点值。

$$T = (t_1 \quad t_2 \quad t_3 \quad t_4 \quad t_5 \quad t_6 \quad t_7)$$
$$= (40 \quad 50 \quad 60 \quad 70 \quad 80 \quad 90 \quad 100)。$$

根据单点值计算公式 $y = \sum_{i=1}^{7} t_i b_i$ 计算出总体单点值和各一级指标评价项目单点值，跨境电子商务与制造业总体融合总体层和各过程项单点值。计算结果见表5-10。

表 5-10 融合发展程度测算

测算标准	（40）	（50）	（60）	（70）	（80）	（90）	（100）	单点值
总体层	3.3087	4.2160	10.2058	17.3777	17.5262	10.8743	7.4709	70.9796
RES	1.9223	4.0777	10.7767	18.8932	18.5631	11.0971	6.5534	71.8835
CAP	4.2136	4.3447	9.4951	16.5146	17.9029	10.7039	7.0874	70.2621
SYS	3.6699	4.2233	10.3107	16.8883	16.4660	10.8350	8.4466	70.8398

从测算结果可以看出，跨境电子商务与制造业融合总体层单点值为70.9796，说明二者融合程度还不够深入，还有巨大的融合发展空间，需要加大力度推进其融合发展。具体到各个融合过程项，跨境电子商务资源识取的单点值为71.8835，高于跨境电子商务能力构建（70.2621）和系统建立（70.8398）两个过程项，而能力构建和系统建立两者评价值差异不大。这说明电子商务与制造业的融合还处在初级发展阶段，有待资源识取、能力构建和关系建立3方面系统性提高。

第五节 本章小结

本章构建了跨境电子商务与制造业融合发展模型，并依据200多家制造业企业实施跨境电子商务的相关数据，进行探索性因子分析和验证性因素分析，最后利用模糊综合评价方法对跨境电子商务与制造业的融合度进行了测算。本章小结可以分为以下内容：

第一，跨境电子商务与制造业融合发展模型分为融合整体层、融合发展过程项和融合发展测量项3个层次。其中，融合发展过程项包含跨境电子商务资源识取、能力构筑和系统建立3个阶段，跨境电子商务资源识取是融合发展的基础，能力构筑是二者融合的关键手段，跨境电子商务系统建立是融合的最终目标。

第二，针对跨境电子商务与制造业融合发展开发了新量表。由于跨境电子商务与制造业融合发展的研究文献很有限，也不存在比较完整和成熟的测量指标体系，本研究根据多位教授、专家和企业业务部门管理人员的意见和建议开发了新量表。

第三，对跨境电子商务与制造业融合发展模型进行探索性因子分析和验证性因素分析。探索性因子分析的目标是要建立识别模型的结构效度，通过SPSS软件进行分析，研究结果表明该模型具有较好的结构效度；验证性因素分析的目标是检验跨境电子商务与制造业融合识别模型的适切性与真实性，通过AMOS分析软件表明模型具有较好的优度。

第四，利用经济管理领域最广泛使用的模糊综合评价方法，对跨境电子商务与制造业融合度进行了测算。测算结果显示，融合整体层综合评价单点值不高，表明融合发展还存在较大空间；而融合发展的3个过程项单点值也相对均衡，没有呈现较大差异，这说明电子商务与制造业的融合还处在初级发展阶段，有待资源识取、能力构建和关系建立3方面系统性提高。

第六章　跨境电子商务与制造业融合发展策略研究

第一节　加强跨境电子商务平台的撮合功能

跨境电子商务交易平台在制造业企业开展跨境贸易过程中具有举足轻重的作用。跨境电子商务平台不仅实现了贸易双方网络沟通功能，提供了在线交易渠道，而且使交易成本大幅度降低，也开辟了跨境电子商务服务的新领域。加强跨境电子商务平台的撮合功能，对于提高交易效率，促进跨境电子商务健康发展，都具有十分重要的作用。制造业企业所依托的跨境电子商务平台主要分为两种类型：一种是独立的第三方平台，该平台是网络中介的一种形式，具有中立性和商务聚合性。中立性是指平台对卖方或买方都不会偏袒；商务聚合性是指第三方平台对商务伙伴的聚合，必须努力吸引足够多的客户才能维持其运行。第二种是联合交易平台，是指某个行业里若干家大企业构建并运营的平台，可以是大卖家、大买家，或两者兼而有之。

一、跨境电子商务平台的经营模式

1. 平台型 + 卖家资源模式

这种模式主要以全球速卖通 Aliexpress 为代表。全球速卖通是平台型模式 + 中国卖家资源，主要是依托于阿里巴巴国际站的流量，其商品、物流、海外仓等都是由卖家和第三方提供。全球速卖通上面的卖家大多来自中国，所以卖家之间也存在激烈竞争，卖家之间往往通过降低价格来获取竞争优势。全球速卖通的目标市场主要是俄罗斯、巴西和东欧、南美等地区的其他发展中国家，这些市场中的消费者主要是中低端消费人群，因此对所购买商品的价格表现得极为敏感。

2. 拍卖型平台模式

这种模式主要以 eBay 为代表。eBay 主要的销售形式有 3 种，即拍卖、一口价和综合销售。以拍卖形式进行销售是 eBay 区别于其他跨境电子商务平台的主要特征。eBay 的目标市场主要面向欧洲和美国，消费者群体主要是中产阶级客户，经营的产品类别主要是汽车、摩托车配件行业和二手产品，还有收藏艺术品等。制造业企业只要在平台上把自己的店铺等级做好，产品就容易推送，店铺权重就会增加。

3. 自营+第三方卖家+跟卖+FBA 模式

这种模式主要以亚马孙平台为代表。亚马孙跨境电子商务平台是一个综合性市场，该平台经营业务量的 40% 左右靠自营产品，50% 左右的业务量来自第三方经营，企业可以参照同品牌、同款式的产品进行跟卖。亚马孙平台拥有自己的仓库和配送体系，还有自己的客户服务支持体系，企业可以跟亚马孙合作，将货发到亚马孙仓库，其余业务即可交给亚马孙平台进行处理。卖家企业应该注重品牌化产品的单品打造，平台对于卖家企业产品品质和资金要求比较高，制定规则也较为严格，若产品经营不好，就会被平台下架。

4. 移动端社交平台模式

这种模式主要以虾皮（Shopee）平台为代表，该平台成立于 2015 年，虽然经营时间不是很长，但却聚集了非常庞大的用户数量。虾皮平台主要的目标市场面向东南亚，覆盖中国台湾、印尼、马来西亚、泰国、菲律宾和新加坡等地，消费者群体以年轻客户群体为主。虾皮平台是移动端社交平台模式，该平台在国内建立了仓库，卖家企业只需要将自己的货物运输到平台企业的仓库，这和亚马孙的物流运作模式几乎一致。虾皮平台关注平台上每一个卖家店铺成长，会给店铺 3 个月的孵化期，给店铺进行打标签，然后根据标签推送客户。

二、跨境电子商务平台发展状况

我国已经形成了多家跨境电子商务企业平台。外贸企业可以脱离传统出口的所有中间烦琐过程，通过跨境电子商务企业平台直接和境外买方达成交易，降低了出口商品交易成本，企业能够借此提高产品利润和品牌海外知名度；境外购买者也因此获得较低的商品购买价格，这是买卖双方共赢的态势。目前在我国经营的跨境电子商务平台主要有全球速卖通、敦煌网、eBay、中国制造网、环球资源网、兰亭集势、E贸易等，详见表6-1。

表6-1 在我国经营的跨境电子商务平台一览表

平台名称	成立或上线时间	商务模式	发展状况
全球速卖通	2010年4月	B2B	覆盖220多个国家和地区的买家；覆盖服装服饰、3C、家居、饰品等共30个一级行业类目；主要市场为俄罗斯、巴西等国家
敦煌网	2004年	B2B	截至2020年12月，敦煌网已拥有230万以上累计注册供应商，年均在线产品数量超过2500万，累计注册买家超过3640万，覆盖全球223个国家及地区，拥有100多条物流线路和10多个海外仓，71个币种支付能力，在北美、拉美、欧洲等地设有全球业务办事机构
eBay	1995年9月	B2B	全球化交易平台，eBay可以在130个国家做支付手段；提供跨境电子商务一站式解决方案
中国制造网	1998年2月	B2B	截至2020年，中国制造网拥有注册会员超过1820万。中国制造网为中国中小企业发掘了商业机会，创造了大量就业机会，并且为中小企业提供各类电子商务软件服务，以软件服务业带动和提升了传统制造业的信息化能力
环球资源	1970年	B2B	成立50年来，一直致力于促成国际贸易，并通过展会、数字化贸易平台及贸易杂志等多种渠道联结全球诚信买家及已核实供应商，为它们提供定制化的采购方案及值得信赖的市场资讯
ECVV	2003年3月	B2B	首创B2B市场收费新模式，推出按效果付费；ECVV于2017年推出了全球代采服务，主要服务的用户是全球各地的采购商，为采购商严格把关，高效采购中国产品，降低买家整体的采购成本

续表

平台名称	成立或上线时间	商务模式	发展状况
兰亭集势	2007年	B2C	2010年，并购欧酷网；2013年6月，外贸B2C公司兰亭集势在美国纽交所挂牌上市；2018年11月8日，收购新加坡跨境电子商务平台ezbuy

三、电子商务平台的撮合功能

跨境电子商务平台基本功能包括接受订单、实现网购、网络支付、对接物流和海关平台等，而所有这些功能的基础和关键就是平台对买方和卖方的撮合功能。加强跨境电子商务平台的撮合功能应该重点做好3个方面的工作：

第一，匹配供给和需求信息，验证买卖双方的身份和资格，主要是确定商品种类、商品价格，并对商品进行分类展示，提供商品价格比对功能，支持买卖双方平台谈判并保证信息安全等。

第二，不断优化交易流程并促进交易，主要是提供并且管理交易商品目录，开发先进的商品交易技术，提供支付、保险、物流、数据统计等服务。

第三，制定相关规则以保证交易符合合同法、进出口法和知识产权保护法等。

第二节 提升制造业企业跨境电子商务物流效率和效益

一、跨境电子商务物流的特点

跨境电子商务物流是需要跨越不同国家或地区，面临出口国和进口国双重海关，需进行检验检疫等清关商检活动，并且依托现代化信息技术而进行的复杂的物流活动。相较于传统的国际物流、国内电子商务物流，跨境电子商务物流显示出了不同的特征。

1. 复杂性特征

跨境电子商务物流流程远、时间长、程序复杂、成本高、可控性差，除了需要完成基本的运输、配送等物流活动外，还涉及检验检疫和清关报关等一系列手续。此外，物品在运输过程中丢失和损坏风险相对较高，物流会受到不同国家和地区的经济、政治、文化、政策、法律、宗教等因素影响，这些都大大增加了跨境电子商务物流的复杂性。

2. 柔性化特征

跨境电子商务物流是由物流、商流、信息流和资金流等多要素构成的复杂性过程，体现出了比传统国际物流更高的敏捷性和柔性化特征，需要提高物流服务的主动性，强调物流企业的整合化和全球化能力提升，更加重视信息技术在物流过程中的投入和使用，注重信息技术系统化和信息智能化。智能化和个性化是现代物流发展的必然趋势，通过更为先进的物流技术和物流管理系统，跨境物流企业可以为客户提供更加个性化和定制化的物流服务，基于消费者需求提供相应的物流方案，提高跨境电子商务物流的针对性和客户满意度。

3. 模式多样性特征

跨境电子商务物流中的国际运输模式呈现多样性，主要有直邮模式、保税区发货模式和海外仓配送模式等。

（1）直邮模式

直邮模式是指所销售的产品从国内直接发给国外的买家，这种模式中商品包裹不需要经由第三方处理，直接到达目的地国家的消费者手中。

（2）保税区发货模式

保税区发货则是在海外消费者下单之后将存放在保税区的商品进行出口，这种模式的运输商品必须适合长时间存放。

（3）海外仓配送模式

海外仓配送模式是指电子商务企业在国外建立仓储中心和本地化配送网络，从而提高物流效率和降低物流成本，减少海外消费者的等待时间，提高购物体验，也提高了货物的运输安全性和准确性。

4. 海关监管的严格性特征

跨境电子商务物流需要接受海关的严格监管，包括商品申报、法规审核等。跨境电子商务物流成本高的一个重要原因就是海关业务的复杂性，因此，在跨境电子商务物流作业中，需要严格遵守海关相关规定，提前进行相关手续的准备，避免不必要的成本和时间浪费。

二、提升跨境电子商务物流效率和效益的策略

跨境电子商务物流跨越不同的国家和地区，涉及不同电子商务物流政策和管理制度，地域广和环节多特征使其面临两个最突出问题：一是跨境电子商务物流速度慢、效率低；二是跨境电子商务物流成本高，效益低。可以通过以下3个方面来提升跨境电子商务物流效率和效益。

1. 实施目的地国家本地化物流运作模式

主要的做法是与目的地国家的优质客户进行合作，利用本地客户成熟的运营团队、物流设施和销售渠道开展物流工作；或者外包于目的地国家专业的第三方物流公司。由此不仅提高了顾客购物体验和目标市场的精确定位，同时可以有效地降低物流成本。

2. 合理建立海外仓和边境仓

合理建立海外仓和边境仓可以缩短配送里程，从而提升配送速度，提高境外客户的购物体验。"海外仓"和"边境仓"的科学建立还可以为制造业企业开展跨境电子商务运营带来诸多利益，如缩短供货时间、提高规模经济效益、降低清关障碍和改善售后服务等。

3. 搭建跨境物流服务平台、简化通关手续

积极搭建跨境物流服务平台和简化关贸、税收、检验等手续，可以有效降低通关成本，同时提升"大通关"效率。

第三节 引导制造业企业建设国际品牌

大力鼓励和引导制造业企业利用各种移动终端商务、线上线下两栖业务、云制造等现代化渠道来拓展海外市场，减少和弱化传统外贸制造业企业的ODM、OEM等发展模式，打造中国制造业国际化品牌并且不断提升品牌影响力。在欧美等主流市场，中国制造业产品占有比较可观的市场比例，可是中国制造业企业外贸代工现象比较严重，导致国外用户对我国制造业品牌没有足够高的认知度，从而影响进一步开拓外市场的能力。

一、大力推进民族品牌走向海外市场

2022年12月,中共中央、国务院印发了《扩大内需战略规划纲要(2022—2035年)》,其中提到,要深入实施商标品牌战略;要打造中国品牌,培育和发展中华老字号和特色传统文化品牌;持续办好中国品牌日活动,宣传推介国货精品,增强全社会品牌发展意识,在市场公平竞争、消费者自主选择中培育更多享誉世界的中国品牌。[①]

二、努力促进"中国制造"转向"中国智造"

随着中国科学技术的不断进步,我国科技实力也在不断提升,"中国制造"正在向"中国智造"的方向迈进。据《日本经济新闻》网站2023年3月3日报道,世界知识产权组织(WIPO)发布的最新数据显示,2022年中国国际专利申请量首次突破7万件,自2019年以来连续4年居世界首位。越来越多具有科研实力的中国卖家基于对全球消费和海外地区的深刻洞察,不断提升产品研发和迭代能力,以过硬的质量和创新的技术在众多品牌中拔得头筹,让"中国智造"的新形象在海外逐渐深入人心。

三、探索中国品牌营销新路径

中国制造业企业在提升自身创新能力和产品质量的同时,积极深入了解海外用户和消费者的需求,把中国文化和中国元素融入产品的国际营销过程中,依托跨境电子商务发展策略,努力开创国际营销新思路,提升中国产品和中国品牌的国际影响力,探索中国品牌营销的新路径。

跨境电子商务与国内近年来电子商务市场会有一定区别,产品在海外成熟市场中进入门槛较高,顾客更愿意付出合理的价格来获得满足个性化需求的优质产品,形成对品牌商品的依赖性。因此,制造业企业对产品品牌的打造不仅可以提升企业的盈利水平,同时还可以提高海外客户和消费者对品牌系列产品的扩展性和依赖性。

---

① 中共中央 国务院印发《扩大内需战略规划纲要(2022—2035年)》[EB/OL].[2023-06-01]. https://www.gov.cn/zhengce/2022/12/14/content_5732067.htm?eqid=fe26a423002d4ec600000003647af184.

第四节　积极应对全球供应链重构

全球供应链（global supply chain）要求企业以全球化的视野，将供应链系统延伸至整个世界范围，强调要快速全面了解全球消费者需求。供应链中的核心企业与供应商、销售商、最终用户之间通过现代网络信息技术实现供应链的一体化和快速响应，实现物流、商流、信息流和资金流的协调通畅，更好地满足世界各地消费者的需求。全球供应链能够实现分布在世界各地但又相互关联的商业主体之间进行信息的有效沟通和合作，最终实现降低成本和扩大收益。

一、全球供应链的重构

近年来，随着中美贸易战、新冠疫情及各国对节能减排的重视，各国政府和企业开始重新制定适应全球经济变化发展策略，全球供应链面临着前所未有的压力和冲击，全球供应链出现重构。

1. 制造业回归本国

由于贸易战、本国政策吸引和市场销售等因素的影响，很多制造业企业选择回归本国进行投资，尤其是关系到行业竞争力关键技术和原材料供应的行业，呈现出了战略化发展思路。制造业回归本国涉及的产业主要是具有战略意义的、关系到国家安全的科技密集型行业，目的是提高自主供应能力。对于发展中国家而言，制造业回归本国将会减少打入全球高阶价值链的机会，可能在一定程度上不利于本国产业发展。

2. 制造业分散化生产

制造业企业采取靠近产品消费地的分散式布局生产模式，这种分散式生产会为制造业企业带来不利影响，分散的生产布局会提高制造成本，不能够形成规模效应。中美贸易战开始后，出口面向美国的部分中国制造业企业纷纷另寻第二生产基地，打造"China+1"的布局模式，把出口面向美国市场产品由中国以外的地区出货；中国内需和美国以外的出口市场所需要的产品则仍然由中国生产。[①]

[①] 齐冠钧，尹政平，马林静. 加强应对全球供应链变局的调整与重构［J］. 国际商务财会，2023，（5）：3-7.

二、我国制造业的应对策略

1. 加快制造业企业的数字化转型

从全球产业发展趋势来看，制造业的产业形态、组织方式和竞争能力正在发生着变化，借助数字技术所实现的研发全球化、生产布局全球化、全球市场虚拟化等新的产业形态和商业模式正在快速推进。数字技术在更广泛行业领域内的应用和普及，使得传统制造业企业更容易实现在不同组织之间和不同区域之间协同，从而提高制造行业的生产效率。数字技术的深入应用还促进制造行业与电子商务的深度融合，促使全球价值链得以重构。制造业的研发、创新也正在适应重构过程中的全球供应链变化趋势，朝着国际化、开放式和网络化方向发展。制造业的数字化主要表现为以下3个方面：

第一，通过数字技术应用实现生产自动化，以生产线、生产车间和工厂为基本单元进行数字化改造升级，提高自动化设备的投入力度，提高信息化系统应用水平，打造"数字化车间"和"智能工厂"。

第二，通过数字技术应用实现组织结构网络化。数字技术组织结构的一个重要影响就是去中心化和网络化，形成开放式、扁平化、平等性的系统现象或结构，企业内部决策的层次减少，管理幅度增加，提高制造业企业专业化生产水平和核心能力。

第三，通过数字技术应用，形成运营和决策智能化。我国制造业供应链普遍存在运作效率低的问题，运营和决策智能化是制造业数字化转型过程中一个迫在眉睫的问题，我国制造业企业需要结合大数据、人工智能、运筹优化技术、智能优化求解器等实现供应链智能决策整体解决方案。

2. 提高制造业企业创新能力

企业创新能力，尤其是中小制造业企业创新能力的形成，受到外部和内部等多种因素影响，如政府政策、企业技术人才和管理制度等多种内外部条件。制造业企业需要打造全过程创新生态链，全面体提升制造业创新能力。

第一，构建产学研相结合的创新平台。政府需要加大资金、项目和人才支持力度，组织高校、科研院所和制造业企业合作，完善相应的产学研支持政策，推动关键技术攻关和研发成果快速转化，探索完善科研项目及成果的社会化和市场化运作模式。

第二，不断培育创新型企业。收集制造业企业的技术需求、科研成果发布等相关信息，实现政府引导制造业企业发挥主体作用，高校和科研院所发挥协同作用，促进产学研的合作对接，实现技术创新型企业的认定和培育工作。

第三，提升制造业基础能力和关键技术攻坚能力。通过提升制造业基础能力和攻坚关键技术，全面提升我国制造产业基础高级化和产业链现代化水平。为了提升制造业创新能力，河南省工信厅制定实施产业基础能力提升行动方案，聚焦新装备、新应用、新前沿、新技术、新场景等"五新"领域，依托创新型平台和企业，开展基础零部件国产替代、基础元器件迭代更新、基础材料强能提级、基础工艺水平提升、基础软件集成应用"五基"攻坚行动。①

3. 加大针对制造业的服务供给

提升针对制造业发展的服务供给能力，是应对当今全球供应链重构趋势的基础和关键。近年来，我国持续加快5G技术发展，加强大数据中心和物联网等数字基础设施建设，为制造业数字化转型和高质量发展提供了强有力的支持。政府需要加快布局新基建，既是稳定我国经济发展的现实需要，又是促进我国制造业转型发展的长远之计，加速布局未来的网络生态环境建设，深入实施算力工程，着力为制造业发展做好服务，为制造业智能制造做好诊断咨询和数据采集服务。

制造业企业在传统价值链中处于低端位置，即单纯的生产制造功能，成本高，污染重，只能靠大规模和低价格去参与国际贸易竞争，从而面临巨大压力。跨境电子商务使外贸呈现出了新特征，即碎片化、个性化、偏重客户体验等，传统制造业企业可顺应外贸发展趋势做到精准匹配，提升交易效率，建立国际优质品牌。制造业企业可以通过国际网络市场直接接触到境外采购商和消费者，运用大数据等技术去优化供应链，将制造业企业的价值创造扩展到产品设计与改进、数字化营销和售后服务等领域，从而优化客户购物体验，并形成较高的顾客采购黏性。

---

① 习近平：在庆祝中国共产党成立100周年大会上的讲话［EB/OL］．［2023-06-01］．https：//baijiahao.baidu.com/s？id=1738553036379026459&wfr=spider&for=pc.

第五节　培养跨境电子商务复合型人才

一、跨境电子商务人才缺口巨大

跨境电子商务发展目前已经成为拉动全球经济增长的新动力。近年来，我国跨境电子商务一直保持着高速增长，对促进我国就业和拉动经济增长起到了重要作用，但是目前各层次跨境电子商务人才短缺成为摆在我们面前的一大难题，已经成为制约我国跨境电子商务及相关产业发展的瓶颈。《国家"十四五"电子商务发展规划》主要指标显示，2020年我国电子商务相关从业人数为6015万，2025年预计将达到7000万，5年内电子商务人才缺口985万，其中跨境电子商务人才缺口更为突出。相关研究机构的数据显示，截至2021年，我国跨境电子商务人才需求数量在600万左右，人才缺乏已经成为企业实施跨境电子商务发展战略的第一大挑战。

二、跨境电子商务人才培养要求

积极探索跨境电子商务职业标准，推动相关教育改革，培养适应新时代、新变化的高层次跨境电子商务人才，才能有利于构建优质的跨境电子商务生态和稳定的全球供应链、价值链。高速发展的跨境电商需要大量的高素质人才，但目前我国的跨境电子商务人才培养和企业的用人需求还存在脱节问题。

跨境电子商务运营过程中涉及不同的国家和地区，职业人员既要考虑到政治、经济、文化、行业监管政策等方面的复杂性，还要为消费者提供高效率、高价值的服务和购物体验，这就要求跨境电子商务从业人员既要有开阔的国际化视野和较强的国际化能力，还要有扎实的专业技能、数字技术知识和互联网思维，同时还需要具备超强的国际商务运营、管理、协调能力，这要比传统的境内电子商务从业人员素质要求高得多。

2015年以来，中国服务贸易协会在总结跨境电子商务人才培养实践经验的基础上，提出培养"双高人才"的倡议，即高数字和高素质人才。之后，中国服务贸易协会进一步完善人才培养要求，强调电子商务行业人才应该从过去符合工业时代仅注重专业技术的"T"型人才，全面转化为广知识、厚人文、深专业的"工"型人才。

三、跨境电子商务人才的培养路径与对策

跨境电子商务嵌入制造业要求相关部门注重对电商人才的培养，制造业企业须加强跨境电子商务人才团队建设。

1. 多主体部门联合培养

2022年10月，中共中央办公厅、国务院办公厅印发了《关于加强新时代高技能人才队伍建设的意见》，强调"构建以行业企业为主体、职业学校（含技工院校）为基础、政府推动与社会支持相结合的高技能人才培养体系"。参照上述文件精神，对跨境电子商务人才的培养需要多个主体部门联合进行，联合政府、高校、科研院所、制造业企业等多个主体探索电子商务、国际贸易、物流管理等相关、相近专业人才知识结构、培养模式等问题。

2. 建立健全跨境电子商务人才培养层次体系

合理建立跨境电子商务人才培养的层次体系是人才培养的基本保障。目前我国的电子商务专业人才培养体系已经形成，囊括各种层次水平和多个培养方向，既有研究生层次，又有中职教育水平，既有电子商务技术方向，又有运营管理方向，尽可能满足企业对各类电商人才的需求。

3. 完善跨境电子商务人才培训内容

目前，国外跨境电子商务人才培养中主要开设的课程有数字商务、数字营销、国际谈判、数据分析等，培养机构以商学院居多。在跨境电子商务领域，中国在国际上具有明显竞争优势。国内众多高等院校都开设有跨境电子商务或电子商务专业，应该加快制定出行业职业标准，开发出对应的培养教材、教学课件、教学平台，出台相关的培训政策，推动产教融合新机制。

第六节 充分发挥跨境电子商务综合试验区功能

目前，我国共有165个跨境电子商务综合试验区，覆盖31个省份，形成了陆海内外互动、东西双向互济的格局。通过165个跨境试验区的运行，可以为我国制造业探索并解决跨境电子商务战略实施过程中深层次的矛盾及体制性问题，在通关、外汇结算、跨境物流、出口退税等方面减时增效，系

统性降低外贸进出口成本。制造业企业可以依托跨境电子商务综合试验区，用好国家给予试验区的红利政策，享受企业在商品检验、关税申报、出口退税、外汇结算和跨境物流等方面的优惠政策，实现通关、税收、物流等便利化和成本最小化。

一、依托跨境电子商务综合试验区构建信息共享体系

跨境电子商务信息资源对于企业开展跨境贸易业务弥足珍贵，能够显著提高企业运营效率，已经成为跨境电子商务企业发展的迫切需要。相关跨境电商信息资源主要包括：政策法规、贸易规则信息和国内外行业资讯、动态；跨境电子商务行业发展报告和相关统计数据；目标市场的产品信息、环境信息和合作企业资信状况。[①]

各省区市依托跨境电子商务综合试验区积极筹建跨境电子商务线上服务平台，建立关于跨境电子商务的信息合作和信息共享机制，为跨境电子商务进出口企业、相关监管和管理部门提供数据技术支持。信息共享体系涉及多个主体，需要相关部门协同运作，需要一个合理的协同和共享保障机制，因此很有必要建立国家层面的管理协调机构，才能引导和协调各个信息部门实现资源共享与互补，提升信息的传输和利用效率。

二、依托跨境电子商务综合试验区构建金融服务体系

目前，我国跨境电子商务行业主体数量中，中小制造业企业占比较大，中小制造业企业对金融服务的需求具有更加突出的专业性和复杂性。中小制造业企业除了对金融服务成本比较敏感之外，还要考虑货币币种和到账时效等问题。当前第三方收款服务商以其门槛低、费率低、结算周期短、更加便捷高效的优势获得大多数中小制造业企业的认可，成为最主要的收款方式。我国政府应该积极鼓励金融机构与第三方支付服务商、信用保险机构、外贸服务平台等主体进行合作，依托跨境电子商务综合试验区，提供更多的金融产品，如支付结算服务、跨境风险保障服务、融资服务等，旨在为企业提供更加优惠的融资条件和更加优质的服务体验。安全透明和高效便捷的金融服

---

① 郭海玲，许泽辉，马红雨.跨境电子商务信息资源服务体系构建研究[J].经济论坛，2019，（11）：103-110.

务是企业拓展跨境电子商务业务的重要一环，可以帮助制造业企业有效提高资金使用效率和降低交易成本。

三、依托跨境电子商务综合试验区构建智慧物流体系

智慧物流是指将云计算、物联网、大数据和人工智能等技术运用于物流活动过程中，使物流系统能模仿人类的思考能力，具有思维、感知、学习和推理判断能力，并能够模拟人类思想去解决物流中出现的一些问题。在物流实践当中，人工智能主要通过赋能"运输、仓储、配送、客服"等四大环节，来促进物流产业的成本降低和效率提升。跨境电子商务企业可以依托综合试验区，充分整合园区资源构建物流智能信息系统，利用地理信息系统（GIS）、全球定位系统（GPS）等物流信息技术，实现跨境电子商务物流中的仓储、运输、配送全程定位、跟踪和可追溯，形成一个布局合理、衔接顺畅、功能强大的智慧物流体系。

第七节　本章小结

本章从跨境电子商务平台、跨境电子商务物流、制造业企业打造国际品牌、应对全球供应链重构、电子商务人才培养、跨境电子商务综合试验区等6个角度提出了我国跨境电子商务与制造业融合发展的应对策略，可以得出以下几个结论：

第一，跨境电子商务平台在制造业企业开展跨境电子商务交易过程中发挥了十分重要的作用，实现了买卖双方的沟通交流，提供了交易渠道等，其中最为重要和突出的就是平台针对贸易双方的撮合功能，高效率地促进跨境贸易的顺利开展。跨境电子商务平台的撮合功能主要表现为匹配供给与需求、提供商品比较、保障双方信息安全、信息发布和保证交易的规范性、合法性等。

第二，提升跨境电子商务物流效率和效益的措施主要包括实施目的地国家本地化物流运作模式、合理建立海外仓和边境仓、搭建跨境物流服务平台、简化通关手续等内容。

第三，通过推荐民族品牌走向海外市场、促进"中国制造"转向"中国

智造"、积极探索品牌的国际营销路径等方式,引导制造业企业打造中国制造业的国际品牌。

第四,我国制造业应对全球供应链重构采取的措施包括:加快制造业企业的数字化转型、提高制造业企业创新能力、加大针对制造业的服务供给。制造业企业通过数字技术应用可以实现生产自动化、实现组织结构网络化和形成运营决策智能化;通过构建产学研相结合的创新平台,提升制造业基础能力和攻坚关键技术,全面提升我国制造产业基础高级化和产业链现代化水平。

第五,目前,我国跨境电子商务发展还面临一个巨大的人才缺口问题,相关部门需要注重对电商人才的培养,制造业企业须加强跨境电子商务人才团队建设。我国通过"多主体部门联合培养、建立健全跨境电子商务人才培养层次、完善人才培养内容"3个方面保障跨境电子商务各类人才的培养。

第六,我国政府已经批准在全国建立165个跨境电子商务综合试验区,制造业企业发展跨境电子商务可以充分依托跨境电子商务综合试验区这一载体。依托跨境电子商务综合试验区构建贸易过程中信息体系、金融服务体系和智慧物流体系等,更好地为跨境电子商务发展保驾护航。

参考文献

[1] 古诺.财富理论的数学原理的研究[M].北京：商务印书馆，1994：56.

[2] 杰文斯.政治经济学理论[M].北京：商务印书馆，1984：81.

[3] 阿福里德·马歇尔.经济学原理[M].北京：商务印书馆，1984：95.

[4] Paul Samuelson, William D. Nordhaus, Microeconomice(18th Edition)[M]. New York: The McGraw–hill Companies. Inc，2005：26.

[5] 张铭洪.网络经济学[M].北京：高等教育出版社，2007：36-38.

[6] 杨坚争.世界市场的二元化与我国跨境电子商务发展策略研究[M].上海：立信会计出版社，2016：26-29.

[7] 王昕天，荆林波.二元市场、电子商务与商贸流通研究：基于分位数回归的实证分析[J].价格理论与实践，2022（11）：26-31.

[8] 王耀忠.电子商务环境下的企业组织模式[D].上海：复旦大学，2002.

[9] 卡尔·夏皮，罗哈尔·瓦里安.信息规则：网络经济的策略指导[M].北京：中国人民大学出版社，2000：153.

[10] Diekerson C M. Virtual organizations: from dominance to opportunism[J]. New Zealand Journal of Industrial Relations, 1998（1）: 35-46.

[11] Leidner D E. Virtual partnerships in support of electronic commerce: the case of TCIS[J]. The Journal of Strategic Information Systems, 1999, 8（1）: 105-117.

[12] Grover S. An electronic commerce strategic typology: insights from case studies[J]. Information & Management, 2005, 42（7）: 1023-1036.

[13] Nagurney A, Cruz J, June D. Supply chain networks, electronic commerce, and supply side and demand side risk[J]. European Journal of Operational Research, 2005, 164（1）: 120-142.

[14] Daniel G. C, Gary J K. Interface agents: caveat mercator in electronic

commerce [J]. Decision Support Systems, 2000, 27 (4): 355-366.

[15] Chang S, Huang R. Assessing users' product-specific knowledge for personalization in electronic commerce [J]. Expert Systems with Applications, 2006, 30 (4): 682-693.

[16] 李斌, 黄少卿. 网络市场渗透与企业市场影响力: 来自中国制造业企业的微观证据 [J]. 经济研究, 2021 (11): 84-99.

[17] Naveen E, David C, Rajkuma T. Enterprise Application Integration in the electronic commerce world [J]. Computer Standards & Interfaces, 2003, 25 (2): 69-82.

[18] 艾维娜, 杨坚争. 二元市场视角下的B2B交易效率影响因素分析及建议 [J]. 当代经济管理, 2017 (3): 23-38.

[19] 杜栋. 制造业信息化工程的价值链分析 [J]. 桂林电子工业学院学报, 2004 (10): 51-54.

[20] 张洪胜, 潘钢健. 跨境电子商务与双边贸易成本: 基于跨境电商政策的经验研究 [J]. 经济研究, 2021 (9): 141-157.

[21] 鞠雪楠, 赵宣凯, 孙宝文. 跨境电商平台克服了哪些贸易成本: 来自"敦煌网"数据的经验证据 [J]. 经济研究, 2020 (2): 181-196.

[22] 马述忠, 郭继文, 张洪胜. 跨境电商的贸易成本降低效应: 机理与实证 [J]. 经济研究, 2019 (5): 69-85.

[23] 李金叶, 王野, 杨明刚. 跨境电商对出口商品价格的影响研究: 基于跨境电商发展指数的构建 [J]. 价格理论与实践, 2021 (12): 74-77.

[24] 张金灿, 邓云杰, 张俊涛. 跨境电商、营商环境与外贸高质量发展 [J]. 价格理论与实践, 2022 (7): 156-159.

[25] 徐保昌, 许晓妮, 孙一菡. RCEP生效对中国—东盟跨境电商高质量发展带来的机遇和挑战 [J]. 国际贸易, 2022 (10): 53-59.

[26] 王娜, 张睿. 跨境电商发展对我国出口贸易提质增效的影响分析 [J]. 商业经济研究, 2023 (2): 132-135.

[27] 马述忠, 郭继文. 选择传统贸易还是跨境电商: 销售渠道视角下消费者与生产者的决策分析 [J]. 浙江社会科学, 2019, (5): 23-32.

[28] 李小平, 余娟娟, 余东升, 等. 跨境电商与企业出口产品转换 [J]. 经济研究, 2023 (1): 124-140.

[29] 马述忠, 房超. 跨境电商与中国出口新增长: 基于信息成本和规模经济

的双重视角［J］.经济研究，2021（6）：159-176.

［30］黄先海，虞柳明，崔雪.长三角共同富裕新实践：跨境电商综试区建设对城乡收入差距的影响［J］.浙江社会科学，2022（11）：20-31.

［31］王利荣，芮莉莉.跨境电商综合试验区对地区经济的影响及差异性分析：基于"反事实"视角［J］.南方经济，2022（3）：53-73.

［32］宋颜群，胡浩然.发展跨境电商能刺激改革地区的家庭消费吗？［J］.消费经济，2023（1）：18-32.

［33］赵崎含，张夏恒，潘勇.跨境电商促进"双循环"的作用机制与发展路径［J］.中国流通经济，2022（3）：93-104.

［34］张夏恒，李毅.跨境电商促进双循环新发展格局构建逻辑与实施路径［J］.河南社会科学，2021（10）：30-36.

［35］张夏恒.跨境电商促进双循环新发展格局：理论机制、发展思路与相关举措［J］.当代经济管理，2021（10）：59-65.

［36］赵新泉，张相伟，林志刚."双循环"新发展格局下我国数字贸易发展机遇、挑战及应对措施［J］.经济体制改革，2021（4）：22-28.

［37］曹小勇，李思儒.数字经济推动服务业转型的机遇、挑战与路径研究：基于国内国际双循环新发展格局视角［J］.河北经贸大学学报，2021（5）：101-109.

［38］曲维玺，王惠敏.中国跨境电子商务发展态势及创新发展策略研究［J］.国际贸易，2021（3）：4-10.

［39］韩彩珍，张冰晔.数字经济促进经济双循环发展的机理和路径［J］.青海社会科学，2020（6）：41-46.

［40］王搏，张凌宇.我国跨境电商与制造业集群企业协同度评价与协同路径选择［J］.商业经济，2022（11）：135-138.

［41］王惠敏，戴明锋，赵新泉.跨境电商带动传统产业转型升级路径［J］.国际经济合作，2021（1）：33-40.

［42］郦瞻，沈春玲.我国传统产业实施跨境零售商业模式探讨［J］.学术交流，2020（2）：122-131.

［43］李臻，张向前.发展跨境电子商务促进企业走出去战略研究：基于"一带一路"背景［J］.科技管理研究，2018（21）：56-63.

［44］贺正楚，潘红玉.中国制造业跨境电商发展面临的问题及对策［J］.求索，2017（6）：129-135.

[45] 刘玉荣, 杨柳, 刘志彪. 跨境电子商务与生产性服务业集聚 [J]. 世界经济, 2023, 46 (3): 63-93.

[46] 于世海, 杜子喆, 赵玉釜. 国际数字服务贸易限制措施对制造业数字化转型的影响研究: 基于 OECD 数字服务贸易限制指数的分析 [J]. 价格理论与实践, 2022 (8): 164-168.

[47] 张夏恒, 赵崤含. 墨守成规还是化蝶重生: 跨境电商对传统产业转型的影响 [J]. 中国流通经济, 2022 (5): 42-54.

[48] 史亚茹, 于津平. 跨境电商改革与企业创新: 基于跨境电商综合试验区设立的准自然实验 [J]. 国际贸易问题, 2023 (4): 37-55.

[49] 唐红涛, 朱梦琦. 跨境电商平台型企业多维协同式价值创造与商业模式迭代演化路径: 基于水羊股份的纵向案例研究 [J]. 管理案例研究与评论, 2022 (6): 606-619.

[50] 金泉, 苏庆新. 跨境电商平台赋能中小企业国际化的机制研究 [J]. 国际贸易, 2022 (10): 68-76.

[51] 彭怀安, 张昌谋. 跨境电子商务综合试验区与产业结构升级: 基于城市面板数据的实证分析 [J]. 海南大学学报 (人文社会科学版): 1-12.

[52] 李善民, 曾昭灶. 上市公司并购绩效及其影响因素研究 [J]. 世界经济, 2004 (9): 60-67.

[53] 陈德球, 孙颖, 王丹. 关系网络嵌入、联合创业投资与企业创新效率 [J]. 经济研究, 2021, 56 (11): 67-83.

[54] 袁歌骋, 潘敏, 覃凤琴. 数字产业集聚与制造业企业技术创新 [J]. 中南财经政法大学学报, 2023, 256 (1): 146-160.

[55] 邬爱其, 刘一蕙, 宋迪. 跨境数字平台参与、国际化增值行为与企业国际竞争优势 [J]. 管理世界, 2021, 37 (9): 214-233.

[56] 吴群锋, 杨汝岱. 网络与贸易: 一个扩展引力模型研究框架 [J]. 经济研究, 2019, 54 (2): 84-101.

[57] 李海舰, 田跃新, 李文杰. 互联网思维与传统企业再造 [J]. 中国工业经济, 2014, 319 (10): 135-146.

[58] 林园春. 中国 (郑州) 跨境电子商务综合试验区建设方略研究 [J]. 黄河科技大学学报, 2017, 19 (4): 89-93.

[59] 范敏, 毕诗琪. 合肥跨境电子商务综合试验区的发展对策研究 [J]. 江苏科技信息, 2016, 508 (31): 19-21.

[60] 孙浦阳,张靖佳,姜小雨.电子商务、搜寻成本与消费价格变化[J].经济研究,2017,52(7):139-154.

[61] 李兵,李柔.互联网与企业出口:来自中国工业企业的微观经验证据[J].世界经济,2017,40(7):102-125.

[62] 任保平.新发展格局下"数字丝绸之路"推动高水平对外开放的框架与路径[J].陕西师范大学学报(哲学社会科学版),2022,51(6):57-66.

[63] 王娟娟,秦炜.一带一路战略区电子商务新常态模式探索[J].中国流通经济,2015,29(5):46-54.

[64] 谌楠.政府扶持性政策在促进跨境电子商务发展中的有效性研究:基于复杂网络视角[J].浙江社会科学,2016,242(10):88-94,157.

[65] 汤凤林,许肖瑜.我国出口跨境电商的涉税风险及应对[J].财会月刊,2022,934(18):136-141.

[66] 刘斌,顾聪.跨境电商对企业价值链参与的影响:基于微观数据的经验分析[J].统计研究,2022,39(8):72-87.

[67] 马秀红,王海涛,张鹏云,等.区域协同型跨境电商生态系统的构建、演化与优化路径[J].商业经济研究,2022,851(16):92-97.

[68] 庞燕.跨境电商服务供应链与服务集成商能力的提升[J].中国流通经济,2019,33(9):64-72.

[69] 何继新.跨境电子商务供应链模式创新:属性特征、关系模型及前提条件[J].中国流通经济,2017,31(3):52-61.

[70] 偰娜.我国跨境电子商务贸易平台模式探讨[J].中国流通经济,2015,29(8):70-74.

[71] 张曼琪.高校电子商务专业创新创业教育问题探讨[J].上海商业,2022,526(12):193-195.

[72] 薛源.跨境电子商务交易全球性网上争议解决体系的构建[J].国际商务(对外经济贸易大学学报),2014,159(4):95-103.

[73] 鄂立彬,刘智勇.跨境电子商务阳光化通关问题研究[J].国际贸易,2014,No.393(9):32-34.

[74] 张雁林.探究电子商务发展对我国对外贸易的影响[J].中国物流与采购,2022,659(22):85-87.

[75] 徐松,张艳艳.应将跨境电商建成"中国制造"出口的新通道[J].经

济纵横,2015,351(2):26-30.

[76] 鄂立彬,黄永稳.国际贸易新方式:跨境电子商务的最新研究[J].东北财经大学学报,2014,92(2):22-31.

[77] 吕雪晴,周梅华.我国跨境电商平台发展存在的问题与路径[J].经济纵横,2016,364(3):81-84.

[78] 刘征驰,石庆书,张晓换.知识协作背景下电子商务服务供应链关系治理:一个分而治之的组合激励机制[J].软科学,2015,29(1):110-114.

[79] 吕越,洪俊杰,陈泳昌,等.双重电商平台出口的规模效应与中间品效应:兼论新发展格局下两个市场的利用[J].经济研究,2022,57(8):137-153.

[80] 刘斌,甄洋.数字贸易规则与研发要素跨境流动[J].中国工业经济,2022,412(7):65-83.

[81] 赵骏,翟率宇."数字丝绸之路"国际规则体系逻辑架构:以实体化"一带一路"实践为鉴[J].商业经济与管理,2022,369(7):56-69.

[82] 熊励,郭梦滢,叶凯雯.基于多期双重差分模型的跨境电商政策效应评价研究[J].智库理论与实践,2022,7(3):41-52.

[83] 张锡宝,石以涛,徐保昌.贸易便利化与我国跨境电商发展:基于双重差分法的实证分析[J].华东经济管理,2020,34(2):94-103.

[84] 李芳,杨丽华,梁含悦.我国跨境电商与产业集群协同发展的机理与路径研究[J].国际贸易问题,2019,434(2):68-82.

[85] 毛园芳.电子商务提升产业集群竞争优势机制案例研究[J].经济地理,2010,30(10):1681-1687.

[86] 李继玲,张夏恒.中非跨境电子商务发展影响因素及推进路径[J].科技管理研究,2022,42(6):193-200.

[87] 刘伟.政府与平台共治:数字经济统一立法的逻辑展开[J].现代经济探讨,2022,482(2):122-131.

[88] 王志盼,张清凌,宋小青,等.基于位置大数据的中国跨境电商时空格局变化及其影响机制[J].经济地理,2022,42(1):44-52.

[89] 全盼.数字贸易对中国产业转型升级的影响机理和路径研究[J].价格月刊,2022,546(11):87-94.

[90] 曾小林,赵娜,朱耀洪.数字贸易对加快产业转型升级影响的路径研究

[J].价格理论与实践,2022,456(6):139-142.

[91] 张夏恒.跨境电子商务与传统产业融合发展:全产业链集聚的价值、要点与思路[J].当代经济管理,2022,44(1):76-80.

[92] 李志远,刘丹.跨境电商统计监测体系建设难点与解决思路[J].国际经济评论,2022,158(2):8,160-176,.

[93] 中国社会科学院财经战略研究院课题组,何德旭,赵瑾."十四五"时期推进中国贸易高质量发展的问题与对策[J].财贸经济,2021,42(10):21-35.

[94] 黄逾白.新媒体时代农业跨境电商的信息不对称问题及优化策略[J].农业经济,2021,414(10):126-128.

[95] 李聪,卢明华.中国跨境进口电商企业的时空特征及影响因素分析[J].世界地理研究,2021,30(5):937-947.

[96] 卢文雯,林季红.中国与东盟跨境电商合作研究[J].亚太经济,2021,228(5):12-20.

[97] 郭海玲.跨境电商平台信息服务协同模式构建研究[J].贵州社会科学,2021,379(7):139-147.

[98] 陈欢欢.跨境电商促进我国出口贸易转型升级的路径选择[J].价格理论与实践,2021,440(2):145-148,175.

[99] 赵志田.制造企业跨境电子商务价值创造机理分析与实证检验[J].中国流通经济,2017,31(8):57-64.

[100] 李晓静,艾兴政,唐小我.电子商务环境下交叉竞争供应链的渠道策略研究[J].管理学报,2017,14(3):459-465.

[101] 朱镇,李霞.传统企业电子商务战略启动:阶段特征与决策行为差异[J].管理科学,2016,29(6):39-51.

[102] 朱镇,赵晶.e就绪对传统企业电子商务吸收的影响:组织执行的中介作用[J].南开管理评论,2013,16(2):150-160.

[103] 谭晓林,周建华.影响企业电子商务采纳的关键因素研究[J].中国软科学,2013,No.265(1):182-192.

[104] 江毅,赵晶.跨组织电子商务能力形成过程的实证研究[J].管理科学,2010,23(4):95-103.

[105] 杨坚争,王林.中小企业跨境电子商务绩效的识别与检验:以四大自贸

区内的对比分析为例［J］.管理学刊，2016，29（3）：26-34+2.

［106］高翔，贾亮亭.基于结构方程模型的企业跨境电子商务供应链风险研究：以上海、广州、青岛等地167家跨境电商企业为例［J］.上海经济研究，2016，332（5）：76-83.

［107］唐光海，王双喜.西部制造业电子商务发展路径与对策［J］.技术与创新管理，2015，36（2）：181-184，209.

［108］吴金南，仲伟俊.电子商务能力影响供应链绩效的机理研究［J］.中国管理科学，2011，19（1）：142-149.

［109］赵志田，杨坚争.中小制造企业跨境电子商务能力识别、检验与综合评价［J］.系统工程，2014，32（10）：53-62.

［110］杨坚争，段元萍.我国国际电子商务发展策略研究［J］.世界经济研究，2008，176（10）：37-41，88.

［111］谌楠.浙江省"数字驿站"高水平发展影响因素统计建模及评价指标体系研究［J］.统计科学与实践，2018，406（8）：11-14.

［112］谌楠，陈月艳.跨境电子商务市场在"羊群效应"下的演化趋势及对策［J］.科技管理研究，2017，37（17）：221-227.

［113］赵志田，杨坚争.产业创新系统理论下中国跨境电子商务发展研究［J］.中国发展，2014，14（2）：25-30.

［114］谌楠.电子商务等平台经济的统计方法与监管问题探讨：以上海市为例［J］.电子商务，2014，179（11）：15，76.

［115］杨艺林.积分广告学与经济［M］.北京：中国时代经济出版社，2014：111.

［116］埃弗雷姆.特班，戴维.金，李在奎，等.电子商务（第八版）-管理与社交网络视角［M］.占丽，徐雪峰，时启亮，等译.北京：中国人民大学出版社，2018：49-50.

［117］帅旭，陈宏民.转移成本、网络外部性与企业竞争战略研究［J］.系统工程学报，2003，18（5）：457.

［118］方虹，潘博，彭博，等.基于跨境电子商务的外贸转型升级模式及路径研究［J］.电信技术，2014（5）：39-42.

［119］杨智，张茜岚，谢春燕.企业战略导向的选择：市场导向或创新导向-基于湖南省高新技术开发区企业的实证研究［J］.科学学研究，

2009（2）：278-288.

［120］王龙伟，李垣. 市场导向对企业突变性产品创新影响的实证研究［J］. 科学学研究，2010（6）：934-940.

［121］吕立志. 论新资源在新经济中的地位和作用［J］. 中国软科学，2001（9）：21-25.

［122］饶扬德. 企业技术能力成长过程与机理研究：资源整合视角［J］. 科学管理研究，2007，25（5）：59-62.

［123］尤勇，周建其. 知识整合在竞争性联盟中的价值创造分析［J］. 科学管理研究，2006，24（2）：71-74.

［124］徐静，任佩瑜，张新华. 基于价值创造的战略联盟动因分析［J］. 经济体制改革，2003（1）：48-50.

［125］林季红. 企业战略联盟价值创造的机理分析［J］. 中国经济问题，2005（1）：61-65.

［126］叶广宇，陈静玲，蓝海林. 企业总部价值创造方式与转型期中国企业总部类型［J］. 管理学报，2010，7（3）：331-337.

［127］韵江，刘立，高杰. 企业集团的价值创造与协同效应的实现机制［J］. 财经问题研究，2006（4）：79-86.

［128］谢恩，李垣，吴海滨. 战略联盟中组织价值创造活动的互动关系分析［J］. 系统工程理论方法应用，2003，12（4）：343-347.

［129］Chuang M L，Shaw W H. A roadmap for successful e-business［C］. IEMC 2001 Proceedings，2001：388-393.

［130］Zhu K，Kraemer K L. E-commerce metrics for net-enhanced organizations：Assessing the value of e-commerce to firm performance in the manufacturing sector［J］. Information Systems Research，2002，13（3）：275-295.

［131］王涛，陈金亮. 环境不确定条件下市场导向对价值创造的作用研究［J］. 南开管理评论，2011，14（6）：57-66.

［132］王涛，邓荣霖. 新创企业能力构建的跨层次分析［J］. 经济管理，2009，31（10）：42-46.

［133］邹炎，王涛，任荣. 企业能力体系的动态演化分析［J］. 华东经济管理，2010（11）：95-98.

［134］刘莹. 基于价值创造能力的企业绩效评价研究［J］. 管理现代化，2011

（3）：18-20.

[135] 曾庆丰.企业电子商务转型研究：基于能力视角[D].上海：复旦大学，2005.

[136] 王玲.租金视角下供应链竞合的价值创造途径[J].商业经济与管理，2010，222（4）：5-11.

[137] 王世权.试论价值创造的本原性质、内在机理与治理要义-基于利益相关者治理视角[J].外国经济与管理，2010，32（8）：10-17.

[138] Firer S. Intellectual capital and traditional measures of corporate performance [J]. Journal of Intellectual Capital, 2003, 4（3）: 5-6.

[139] 谢恩，黄缘缘，赵锐.战略联盟控制机制对于联盟价值创造效率的影响研究[J].科学学与科学技术管理，2012，33（2）：138-145.

[140] 谢恩，李垣.基于资源观点的联盟中价值创造研究综述[J].管理科学学报，2003，6（1）：81-86.

[141] 郭俊华.并购企业知识资本协同及其价值创造潜能的三维分析[J].科技管理研究，2005，（2）：144-147.

[142] 刘征驰，石庆书，张晓换.知识协作背景下电子商务服务供应链关系治理[J].软科学，2015，29（1）：110-114.

[143] 荆龙姣.企业间协同与价值创造[J].求索，2011（3）：29-31.

[144] Zhao J, Huang V W, Zhu Z. An empirical study of e-business implementation process in China [J]. IEEE Transactions on Engineering Management, 2008, 55（1）: 134-147.

[145] Zhu K, Kraemer K L, Xu S, et al. Information technology payoff in e-business environments: An international perspective on value creation of e-business in the financial services industry [J]. Journal of Management Information Systems, 2004, 21（1）: 17-54.

[146] 田晓霞，陈金梅.利益相关者价值创造、创新来源与机会[J].科学学与科学技术管理，2005（11）：74-78.

[147] 杨维新，杨云鹏，杨坚争.产业互联网背景下电子商务学科人才培养体系研究[J].电子商务，2019（11）：60-61.

[148] 刘罡，杨坚争.基于TAM和IDT模型的电子支付用户采纳行为实证研究[J].科技与管理，2019，21（3）：63-70.

[149] 尹诗,杨坚争.基于 GA-BP 模型的城市电子商务竞争力评价:以长三角国家电商示范城市为例[J].科技管理研究,2018,38(20):208-214.

[150] 艾维娜,杨坚争.B2B 电子商务平台发展及存在的问题[J].电子商务,2018(1):9-10.

[151] 何永达,赵志田,许彩红,等.我国流通业与制造业协同演进机制的实证研究[J].价格月刊,2012(4):37-40.